Mujeres Diáconos

MUJERES DIÁCONOS

PASADO, PRESENTE, FUTURO

Gary Macy,
William T. Ditewig
y
Phyllis Zagano

PRÓLOGO DE Susan A. Ross

Paulist Press
Nueva York / Mahwah, NJ

Las citas de la Escritura aquí usadas están tomadas de la *Biblia de Jerusalén Latinoamericana* (2007). Usada con permiso. Todos los derechos reservados. Usada con permiso. Todos los derechos reservados.

Fotografía de portada por el Rev. Gordon Plumb. Iglesia de Todos los Santos, Saint Radegund, Cambridge (Inglaterra).

Portada y diseño del libro por Lynn Else.

Publicado originalmente por Paulist Press como *Women Deacons: Past, Present, Future.*
Traducido del inglés por Marco Batta

Library of Congress Control Number: 2019947757

ISBN 978-0-8091-5499-9 (libro en rústica)
ISBN 978-1-58768-897-3 (libro electrónico)

Publicado por Paulist Press
997 Macarthur Boulevard
Mahwah, New Jersey 07430

www.paulistpress.com

Impreso y encuadernado en
los Estados Unidos de América.

ÍNDICE

PRÓLOGO

Susan A. Ross

Desde que comencé a enseñar, hace más de treinta años, he dado muchas conferencias sobre temas de la mujer a varios auditorios, muchas de ellas en parroquias. En los últimos diez años, también he viajado tres veces a Kenia y he tenido el privilegio de aprender de muchas mujeres activas en el ministerio en África Oriental. En prácticamente todas estas conferencias y discusiones, el tema del ministerio ordenado de las mujeres surge inevitablemente. Mujeres que son capellanes en hospitales preguntan por qué ellas no pueden bendecir y ungir a los pacientes a los que han servido al pie de su cama, sino que deben esperar a un sacerdote, a menudo alguien desconocido para el paciente y para la familia, a que venga y "oficialmente" administre el sacramento. Las mujeres que trabajan en parroquias cuentan historias de haber sido despedidas de forma sumaria por un nuevo párroco, dado que no tienen un puesto oficial en la Iglesia. Y mujeres que son intelectuales y predicadoras competentes, no pueden desentrañar la Palabra de Dios en la Liturgia Eucarística, pues solo una persona ordenada puede predicar "legítimamente." Y, sin embargo, las mujeres son la columna vertebral de la Iglesia, como todos sabemos. Sin la abnegada labor de muchísimas mujeres, la Iglesia colapsaría.

Desde 1976, la Iglesia Católica Romana ha declarado en repetidas ocasiones que las mujeres no pueden ser ordenadas sacerdotes. Pero la pregunta sobre la ordenación de las mujeres al diaconado sigue abierta. Desde que el diaconado permanente fue restaurado en el Vaticano II, muchos hombres, y no pocos de ellos casados, han atravesado por el proceso de estudio y formación para la ordenación diaconal; actualmente, hay más de 18.000 diáconos permanentes en los Estados Unidos. Las esposas de estos diáconos casados a menudo reciben la misma formación y estudian con su esposo y, en mi propia experiencia al enseñar a estos candidatos, con frecuencia están mejor formadas y calificadas para el ministerio diaconal que muchos de los candidatos varones. A algunas se les dice que, durante el proceso, deben estar calladas y que no pueden hacer preguntas; como dice la admonición de 1 Timoteo 2:12, ¡solo pueden hacerles preguntas a sus esposos más tarde, en casa! Así, las mujeres quedan excluidas de las filas del clero. Algunas mujeres, frustradas por la lentitud con que avanza la inclusión de la mujer en la Iglesia, han dejado el catolicismo y han buscado la ordenación en otras denominaciones. Otras han tomado el asunto en sus propias manos y han buscado la ordenación sacerdotal en el movimiento "Roman Catholic Womenpriests". Y todos los días, millones de mujeres sirven a la Iglesia a través de sus ministerios de educación, caridad y liturgia, pero no existe ningún tipo de reconocimiento oficial de sus talentos y participación en el gobierno de la Iglesia.

Por eso, Gary Macy, William Ditewig y Phyllis Zagano han hecho una invaluable aportación al escribir *Mujeres diáconos: pasado, presente, futuro*. A la pregunta de si existe algún precedente histórico de mujeres ordenadas al diaconado, Gary Macy ofrece una amplia evidencia de un ministerio oficial y clerical de las mujeres en la Iglesia. También muestra cómo está práctica primero fue desalentada y después eliminada. Macy muestra cómo, de hecho, con el paso del tiempo, el significado de la palabra "ordenación" se ha modificado y cómo los principales cambios en la Iglesia

Medieval tardía que excluyeron a las mujeres definitivamente del ministerio diaconal ordenado, se distinguen por su misoginia. William Ditewig, él mismo diácono ordenado, analiza el estado actual de la cuestión. Recorre los documentos del Vaticano II y, siguiendo las enseñanzas de este, muestra cómo la cuestión del ministerio diaconal de las mujeres se presenta una y otra vez, y por qué ha llegado el momento de resolverlo. Por último, Phyllis Zagano, ya una autoridad en el tema de las mujeres y el diaconado, mira al futuro, mostrando los beneficios y las posibilidades que la ordenación de mujeres diáconos traería a la Iglesia.

Este libro difícilmente podría ser más oportuno. Qué aportación tan grande haría la presencia de las mujeres como ministros oficiales de la Iglesia en el ministerio parroquial: ¡imaginemos si la mujer pudiera presidir matrimonios y bautismos, así como ofrecer su sabiduría y consejo a las parejas que se acercan a estos sacramentos! ¡Imaginemos qué pasaría si los talentos de la mujer para la predicación estuvieran disponibles en sus congregaciones! Pensemos también en cuál sería la aportación de la mujer si esta ejerciera roles de gobierno en las diócesis y tuvieran el estatus clerical cuando se presentaran temas de conducta relacionados con el clero. Mientras algunos podrían decir que las mujeres seguirían siendo ciudadanos de segunda clase sin la ordenación sacerdotal—la especialista bíblica Elisabeth Schüssler Fiorenza incluso ha dicho que las mujeres deberían primero ser ordenadas al episcopado—; sin embargo, que las mujeres tengan el estatus y autoridad que la ordenación implica, significaría que actuarían de pleno derecho en la Iglesia y serían ministros de la Palabra y de los Sacramentos. Las mujeres tendrían un reconocimiento oficial de su servicio a la Iglesia.

Cualquiera que esté preocupado por el ministerio en nuestro tiempo, por el papel de la mujer y el futuro de la

Iglesia—es decir, cualquiera que esté preocupado por la Iglesia en general—está en deuda con Macy, Ditewig y Zagano. Este lúcido e interesante libro abrirá muchos ojos y corazones a las posibilidades perdidas, pero también a la promesa futura del ministerio diaconal de las mujeres. Se le debería pedir a todos los obispos y clérigos que lean este libro. Sobre todo, espero que los millones de mujeres involucradas en el ministerio diaconal en la Iglesia de nuestros días, lean y se entusiasmen con el estudio que estos tres competentes investigadores han realizado.

Susan A. Ross
Loyola University Chicago

INTRODUCCIÓN

La Iglesia Católica en todo el mundo, como institución y como pueblo de Dios, está sufriendo. Mientras más de mil millones de personas se llaman a sí mismos "católicos" y dicen ser miembros de la religión organizada más grande y más fácilmente identificable del planeta, un gran porcentaje de ellos sufre de muchas maneras. La reciente implosión de la Iglesia en Europa, precedida por la explosión de escándalos en el Continente Americano, ha dañado tanto a la Iglesia Universal institucional como a los individuos cuyas creencias cristianas son católicas. Lo peor, por supuesto, es que nadie sabe cuándo terminará todo esto.

Sí sabemos, en cambio, cuándo empezó. Cristo mismo habló de los pecadores en medio del rebaño y las cosas no han cambiado sustancialmente desde entonces. Si algo nos enseña la historia, es que la Iglesia es tanto humana como divina; cuando sigue la voz del Espíritu, florece; y cuando no... se corrompe y entra en agonía. No hay nada nuevo en la Iglesia actual que no se haya visto muchas veces antes: los problemas hermanos del sexo y el dinero están siempre listos para introducirse en nuestras vidas, incluso en la vida misma de la Iglesia.

En este contexto, pero independiente de todos estos problemas, hemos decidido darle otro vistazo al diaconado. Esperamos de forma pertinaz en el futuro de la Iglesia y especialmente en el diaconado, el motor de la Iglesia para la caridad y el corazón de su ministerio. En concreto, queríamos ver más de cerca, de forma coordinada, a las mujeres diáconos. Nuestro "vistazo" al final tomó la forma de tres ensayos relacionados, cada uno desde la perspectiva de nuestra área de especialidad.

El plan del proyecto era bastante sencillo: Gary Macy profundizaría en la historia de las mujeres en el diaconado; Bill Ditewig analizaría el diaconado en el momento presente; y Phyllis Zagano haría sugerencias sobre la inclusión de las mujeres como diáconos ordenados en la Iglesia Católica. Las reglas básicas eran sencillas: íbamos a hablar del diaconado, no del sacerdocio. Si bien nosotros entendemos la diferencia, demasiadas buenas personas no y eso presentaba y presenta dificultades para la discusión. Muchas personas no pueden "desconectar" el diaconado del sacerdocio, simplemente porque el diaconado en la historia moderna ha sido solo un "paso" en el camino al sacerdocio. El que haya sido reestablecido como un orden permanente no parece afectar a la idea equivocada de que los diáconos son "sacerdotes incompletos" o a la idea de que un diácono, una vez ordenado, es automáticamente elegible para la ordenación sacerdotal. Ese no es el caso y es importante dejarlo claro desde el principio: este libro no trata del sacerdocio femenino.

La historia del diaconado es larga, probablemente más larga, incluso, que la historia del sacerdocio. No trazamos su desarrollo completamente, pero Gary Macy demuestra que, a medida que fue creciendo el diaconado, se incluyó a las mujeres. Hay amplia evidencia de mujeres diáconos en Oriente, desde los inicios de la Iglesia hasta nuestros días. Sabemos que las mujeres diáconos también existieron al inicio en Occidente. De hecho, hay una amplia evidencia de mujeres diáconos durante más de la mitad de la historia cristiana, hasta el siglo XII.

A medida que el diaconado fue desapareciendo en Occidente durante el segundo milenio, sus restos permanecieron. Durante siglos, las principales catedrales católicas y romanas tuvieron siete diáconos ceremoniales. Muchos padres en el Concilio de Trento quisieron revivir el diaconado, pero fracasaron. Los cardenales de la Iglesia (de entonces y de ahora) fueron clasificados así: obispo cardenal, sacerdote o diácono. Aquí y allá un funcionario laico del Vaticano era hecho diácono permanente.[1] Pero el diaconado, como orden que funciona completamente separado y de forma permanente en la Iglesia Católica Romana, no comenzó a ser restaurado, sino hasta el final del Concilio Vaticano II.

Mientras la jerarquía consideraba la restauración del diaconado como un orden permanente, el papa Pablo VI hizo la—quizás—pregunta obvia: ¿y qué hay de las mujeres diáconos? Está ampliamente documentado, y muchos así lo creen, que la respuesta positiva que recibió fue suprimida y sigue sin publicarse como un documento vaticano. Pero la investigación realizada por una miembro de la Comisión Teológica Internacional, Cipriano Vagaggini, fue publicada en *Orientalia Christiana Periodica*,[2] la respetada revista académica publicada en la Pontificia Universidad Gregoriana de Roma y editada por el famoso profesor de liturgia oriental Robert F. Taft, SJ. Vagaggini sostiene con mucha claridad que las mujeres eran ordenadas al diaconado, por el obispo, dentro del santuario, con la imposición de manos. El artículo de Vagaggini no es el único que afirma la evidencia de la ordenación de mujeres como diáconos, pero su estudio es el único que apunta a una respuesta directa a una pregunta de un papa moderno: ¿se ordenaba a las mujeres como diáconos? La respuesta fue sí.

Para el tiempo en que Vagaggini publicó su estudio, el tema de la ordenación sacerdotal de las mujeres ya había explotado. El polvo y el humo eclipsaron el tema de las mujeres diáconos pues las discusiones teológicas más significativas y populares se centraron en las mujeres sacerdotes. Poco a poco, la Iglesia Católica dio sus respuestas en relación con los sacerdotes, primero con una declaración de la Congregación para la Doctrina de la Fe, *Inter Insigniores* (1976), y después con la carta apostólica de Juan Pablo II *Ordinatio Sacerdotalis* (1994). Ambas declararon que la constante tradición de la Iglesia reservaba la ordenación sacerdotal solo a los hombres. Tampoco abordaron la cuestión de las mujeres diáconos.

Al mismo tiempo, varios académicos estaban revisando estudios anteriores y la evidencia sobre las mujeres diáconos. La discusión era doble: ¿alguna vez fueron ordenadas diáconos las mujeres? y ¿pueden ser ordenadas ahora? Un famoso debate en los años setenta entre Roger Gryson y Aimé Georges Martimort no llegó a una conclusión: Gryson dijo que las mujeres sí eran ordenadas; Martimort dijo que no.[3] Aun así, al parecer, en su debate no separaron claramente la cuestión de las mujeres diáconos de la cuestión de las mujeres sacerdotes.

Para el 2000, otros estudios y llamados en favor de las mujeres diáconos aparecieron en los Estados Unidos y en Europa. Kyriaki Karidoyanes FitzGerald extendió y amplió el trabajo previo realizado por Evangelos Theodorou en relación con la ordenación de mujeres diáconos en ámbito ortodoxo y Phyllis Zagano presentó argumentos a favor de restaurar el diaconado femenino en toda la Iglesia Católica, Oriental y Occidental.[4] Casi al mismo tiempo, Ute Eisen publicó una revisión de la evidencia literaria y epigráfica de mujeres ordenadas, incluyendo una copiosa documentación sobre las mujeres diáconos.[5] Un trabajo posterior de John Wijngaards habló de las mujeres diáconos como un paso hacia, o al menos como justificación, para la ordenación sacerdotal de las mujeres.[6] Desde entonces, la cuestión de las mujeres diáconos ha vuelto ha aparecer en varios estudios, en particular, en el trabajo histórico de Carolyn Oisek y Kevin Madigan, y de Gary Macy.[7]

Mientras tanto, la Iglesia en general nunca ha rechazado de forma tajante la noción de mujeres diáconos. Aquí y allá, desde mediados de la década de los setenta hasta el presente, se dice que uno u otro obispo han planteado la cuestión de las mujeres diáconos durante sus visitas *ad limina* al papa. Durante la década de los noventa, grupos tan diversos como la Canon Law Society of America y el movimiento alemán We Are Church hicieron presión sobre el tema. En 2010, el grupo activista FutureChurch de los Estados Unidos inició una campaña internacional de correos electrónicos y postales al Vaticano (con copia a los obispos locales) para apoyar a las mujeres diáconos.

Y así hemos retomado la discusión sobre las mujeres diáconos. Para ser claros, estamos hablando de mujeres ordenadas para lo que ha venido a ser llamado el diaconado "permanente." Es decir, no estamos hablando de "diaconisas" como un cuarto (e inferior) orden separado del orden de los diáconos. Si bien los archivos históricos las llaman tanto "diáconos" como "diaconisas," nosotros no tomamos solo a la historia como criterio para nuestros puntos de vista. El lenguaje sobre el ministerio de las mujeres en la Iglesia fluctúa en la trama del tiempo: algunas mujeres llamadas "diaconisas" eran ordenadas al ministerio diaconal; algunas mujeres llamadas "diaconisas" estaban casadas con varones diáconos; y algunas mujeres llamadas "diaconisas" simplemente se apropiaron el término (o les fue dado) como una descripción de lo que hacían. Por supuesto, algunas de las esposas de diáconos varones podrían ellas mismas haber sido mujeres diáconos y por ello tenían ese título. Independientemente de las oscilaciones del término, ha quedado claro que, en muchas partes de la Iglesia, Oriental y Occidental, los obispos formalmente nombraban mujeres para desempeñar el ministerio diaconal, a menudo a través de ceremonias que ahora conocemos como ordenaciones.

Elegimos el término *mujer diácono* (como opuesto a *diaconisa*) para subrayar nuestro interés en que se incluya realmente a las mujeres en el ministerio ordenado que ahora conocemos como diaconado. Al pensar en la terminología, nos vimos en medio de interesantes discusiones con varios académicos. El problema central es: si decimos "mujer diácono," ¿estamos hablando de una especie de caso particular? Esto es, al decir "mujer diácono," ¿estamos especificando que el ministerio fue solo excepcionalmente desempeñado por una mujer? Nosotros creemos que no y eso es precisamente lo que queremos decir. El diaconado histórico era tanto masculino como femenino. Ciertos ministerios fueron realizados por mujeres que eran diáconos en nombre de otras mujeres. Los hombres simplemente no tenían (ni debían tener) acceso a las mujeres en la fuente bautismal o a las que estaban en cama enfermas por razones de pudor. Una parte importante del problema es la terminología a la que nos hemos acostumbrado en inglés. De hecho, decimos "mujer doctor" o "mujer piloto" o "mujer predicadora." Al final, decidimos que el término *mujer diácono* expresaría mejor lo que queremos decir: una mujer que es ordenada para el diaconado para desempeñar, en condiciones de igualdad, el ministerio de la Palabra, la liturgia y la caridad.

Por supuesto, no podríamos hacer esto sin tener en cuenta la forma en que el Concilio Vaticano II revitalizó el diaconado como un ministerio permanente, que cuenta ahora con 47.000 hombres ordenados (18.000 en los Estados Unidos). Bill Ditewig traza los diversos documentos eclesiales relacionados con el renovado orden de los diáconos, poniéndolos en contexto con documentos similares relacionados con el sacerdocio. Analiza las diferencias dentro del único sacramento del Orden, unas diferencias claramente delineadas en los archivos oficiales. Dadas estas diferencias, que ya admiten distintas prácticas entre diáconos y sacerdotes (como permitir a hombres casados ser ordenados diáconos), podemos preguntarnos, junto con varios padres conciliares, qué otras posibilidades podrían existir, en particular, si las mujeres podrían ser ordenadas diáconos.

Dentro de este contexto, Ditewig también analiza el debate del Concilio Vaticano II sobre el diaconado, especialmente una extensa conversación sobre la naturaleza de la gracia sacramental como se aplica a la Iglesia en general y al diaconado en particular. La gracia, como don divino, se da a toda la Iglesia y una de esas gracias es el diaconado mismo. De forma semejante, Ditewig señala que dos de los personajes más influyentes en el Concilio, el cardenal Suenens y el cardenal Döpfner, hablaron de que la gracia sacramental del sacramento del Orden debería extenderse, a través de la ordenación, a aquellos que ya ejercen las funciones de los diáconos. Su petición se aplicaría a todos los que están ejerciendo esas funciones, incluidas las mujeres.

Sin embargo, desde la clausura del Concilio Vaticano II, no se han dado pasos concretos por parte del Vaticano hacia el restablecimiento del diaconado femenino en la Iglesia Católica, incluso si otras reconocidas Iglesias (sobre todo la Iglesia Apostólica Armenia y la Iglesia Ortodoxa Griega) han considerado o determinado reestablecer la antigua tradición de mujeres diáconos. En la Iglesia Católica, de hecho, parece que se dan pasos para adelante y para atrás. Por un lado, el papa Benedicto XVI ha hecho un llamado en favor de la inclusión de la mujer en el *gobierno y ministerio* de la Iglesia. Cada término tiene un significado específico y formal, sobre todo para Benedicto, un teólogo preocupado por la historia y anterior prefecto de la Congregación para la Doctrina de la

Fe durante muchos años. Solo los clérigos (incluidos los diáconos) pueden ejercer el gobierno y el ministerio. El uso de esos términos podría apuntar al interés del papa por reestablecer a las mujeres diáconos, sin embargo, por otro lado, la Congregación para la Doctrina de la Fe primero decretó y después hizo ley la prohibición de ordenar a las mujeres en cualquier grado del orden sagrado.

Aun así, la ley no es doctrina y el documento oficial más reciente que trata la teología y la historia del diaconado específicamente deja abierta la pregunta sobre las mujeres diáconos, afirmando que la cuestión debe ser resuelta por el magisterio, sin sugerir un calendario ni dar una fecha límite. Y así seguimos con la discusión.

¿Y si el diaconado *estuviera* abierto a las mujeres? ¿Cómo sería y cómo funcionaría? En el último ensayo, Phyllis Zagano continúa la discusión sobre el diaconado específicamente aplicado a las mujeres. Algunos han sugerido que no hay necesidad de mujeres diáconos, que las mujeres sirven y pueden servir como diáconos sin la ordenación. Al examinar esa sugerencia, Zagano cree que la idea podría estar enraizada en la negación de la eficacia de la gracia, particularmente de la gracia sacramental. Desarrolla el tema y presenta otras objeciones o complicaciones a la posibilidad de que haya mujeres diáconos.

También señala el hecho innegable de que, hasta el momento, la mayor parte del ministerio diaconal ha sido realizado por religiosas, cuya fuerza e influencia ahora está disminuyendo. Mientras los institutos se extinguen—se pregunta—¿es posible que mujeres más jóvenes que quieran servir a la Iglesia se sientan atraídas en cambio al diaconado ordenado, como lo habrían sido la gran cantidad de mujeres que ya sirven como ministros laicos eclesiales (ya sea seculares o religiosos)? Además, Zagano analiza los requisitos canónicos en relación con la pertenencia de los clérigos (lo que serían las mujeres diáconos) a institutos laicos.

El trabajo aquí presentado es un trabajo colaborativo. Cada uno de nosotros ha leído y comentado los ensayos de los demás en un esfuerzo por presentar una discusión coherente y convincente sobre este tema tan importante para la Iglesia. En general, estamos mirando al pasado y al presente, no tanto para predecir el futuro, sino más bien para construirlo.

MUJERES DIÁCONOS: HISTORIA

Gary Macy

Si bien existe una gran controversia en relación con la ordenación y la función de las mujeres diáconos en el cristianismo, hay poco desacuerdo sobre su existencia.[1] Estudio tras estudio ha investigado la evidencia en relación con las mujeres diáconos, tanto en las Iglesias de Oriente como de Occidente, dejando pocas dudas de que las mujeres diáconos existieron por siglos en el cristianismo. Recientemente, han sido puestos a disposición de un auditorio más amplio una serie de colecciones de relevantes documentos históricos, a menudo traducidos a lenguas modernas. Lo han hecho Josephine Mayer;[2] Adriana Valerio;[3] Heike Grierser, Rosemarie Nürnberg y Gisela Muschiol;[4] Ute Eisen;[5] Kyriaki Karidoyanes FitzGerald;[6] John Wijngaards;[7] y Kevin Madigan y Carolyn Osiek.[8] Estas colecciones y los excelentes estudios realizados sobre mujeres diáconos, comenzando con Jean Morin en el siglo XVII, han dejado claro que las mujeres fungían como diáconos desde los primeros siglos del cristianismo y siguieron activas, tanto en Oriente como en Occidente, hasta el siglo XII.[9]

Referencias de la Escritura a mujeres diáconos

La referencia más temprana a las mujeres diáconos aparece en la Carta de Pablo a los romanos:

> Les recomiendo a Febe, nuestra hermana, diaconisa de la Iglesia de Cencreas. Recíbanla en el Señor de una manera digna de los santos, y asístanla en cualquier cosa que necesite de ustedes, pues ella ha sido protectora de muchos, incluso de mí mismo. (Rm 16:1–2)[10]

Los primeros escritores cristianos no tuvieron ningún problema con leer al pie de la letra este pasaje. Orígenes, que escribió en el siglo III, afirmó simplemente, "Este pasaje nos enseña con autoridad apostólica que las mujeres también son elegidas para el ministerio de la Iglesia, en el cual Febe fue colocada en la iglesia, esto es, en Cencreas."[11] Juan Crisóstomo y Teodoreto de Ciro en Oriente, y el anónimo Ambrosiaster y Pelagio en Occidente también reconocieron a Febe como diácono en sus comentarios sobre Pablo.[12]

Otro pasaje de la Escritura tradicionalmente reconocido como uno que hace referencia a mujeres diáconos es 1 Timoteo 3:8–11:

> También los diáconos deben ser dignos, sin doblez, no dados a beber mucho vino ni a negocios sucios; que guarden el misterio de la fe con una conciencia pura. Primero sean sometidos a prueba y después, si son irreprensibles, sean diáconos. Las mujeres igualmente deben ser dignas, no calumniadoras, sobrias, fieles en todo.

Varios escritores de la Iglesia de los primeros siglos asumieron que este pasaje se refería a los requisitos para los diáconos varones, seguido de los requisitos para las diáconos mujeres. Juan Crisóstomo es muy claro: "Algunos dicen que él [Pablo] está hablando de las mujeres en general, pero eso no puede ser. ¿Por qué querría insertar, en medio de lo que está diciendo, algo sobre las mujeres? Sino, más bien, está hablando de aquellas mujeres que tienen el rango de diáconos."[13] Clemente de Alejandría,[14] Teodoreto de Ciro,[15] Teodoro de Mopsuestia[16] y Pelagio[17] se unieron a Juan en su interpretación, con Teodoro añadiendo que "Pablo no quiere decir esto en este pasaje porque es correcto para estos [los diáconos] tener esposas; sino porque es apropiado que a las mujeres se les nombre para desempeñar tareas semejantes a las de los diáconos."[18]

No todos los escritores estaban de acuerdo, por supuesto. Ambrosiaster argumentó que solo los herejes podían pensar que se habla de mujeres diáconos en este pasaje.[19] De cualquier forma, él era minoría hasta el siglo XIII, cuando su interpretación se convirtió en norma en Occidente. Por ejemplo, durante el siglo XII, Abelardo, el famoso y controvertido intelectual, seguiría entendiendo, tanto Romanos 16 como 1 Timoteo 3, como referidos a las mujeres diáconos, citando no solo a Orígenes, sino también a Jerónimo (siglo IV), Epifanio (siglo IV), Casiodoro (siglo VI) y Claudio de Turín (siglo IX) para respaldar su interpretación.[20] Su famoso alumno Gilberto Porretano siguió a Abelardo interpretando las cartas de san Pablo como referidas a las mujeres diáconos.[21]

Parecería, entonces, que estos pasajes fueron entendidos por la mayoría de los intelectuales cristianos, por más de la mitad de la historia del cristianismo, como referidos a mujeres que servían como diáconos en la Iglesia. Esto implicaría que, durante esos siglos, el papel de las mujeres como diáconos se entendía como haber sido fijado por la Escritura y con fundamento apostólico.

Mujeres diáconos en la Iglesia Oriental

Escritores cristianos (y no cristianos) hablan de mujeres diáconos en la Iglesia primitiva. Hay docenas de referencias en las fuentes antes mencionadas. En las cartas, vidas de santos, crónicas, inscripciones y leyes de los siglos I–VI, unas cuarenta mujeres distintas son recordadas y alabadas. Las mujeres eran ciertamente diáconos activas y reconocidas como tales en la Iglesia Oriental.

Como las mujeres diáconos eran mucho más comunes y, por tanto, mejor conocidas en la Iglesia Oriental, algunos de los ejemplos más sobresalientes deben bastar para mostrar cuán importantes eran. Juan Crisóstomo escribió cuatro cartas a la mujer diácono Amproukla de Constantinopla, para agradecerle por su apoyo mientras estaba en el exilio.[22] Sobreviven cuatro cartas a la mujer diácono Anastasia escritas por Severo, obispo de Antioquía, después de su exilio en 518. Se escribían sobre cuestiones de exégesis bíblica, probando que Anastasia tenía un amplio conocimiento de la Biblia.[23] Teodoreto de Ciro le escribe a la mujer diácono Celerina de Constantinopla, urgiéndola a convencer a los obispos que conocía sobre la ortodoxia de la Cristología de Teodoreto.[24] Otra vez, se trata de una mujer influyente e instruida que discute temas complejos de teología con los mejores intelectuales de su época.

La más famosa e influyente de las mujeres diáconos, sin embargo, fue ciertamente Olimpia. Nacida en una familia adinerada e influyente, de niña conoció a Gregorio Nacianceno 385, quien le envió un poema como regalo cuando se casó con el prefecto de Constantinopla Nebridio, en 385. Nebridio murió un año más tarde y Olimpia se negó a casarse de nuevo. Fue ordenada diácono por el obispo Nectario cuando estaba en sus treintas y le brindó a este apoyo y consejo tanto político como espiritual. No se trata solo una biografía anónima escrita poco después de su muerte, sino que también está presente en la vida de san Juan Crisóstomo y aparece de manera destacada en importantes episodios de la Iglesia de ese periodo.[25]

Las mujeres diáconos siguieron jugando un papel en la Cristiandad de Oriente y son mencionadas muchas veces en textos posteriores. Existen lápidas procedentes de las tumbas de varias mujeres diáconos de la Iglesia Oriental, que datan de los siglos V al VII.[26] El Concilio Quinisexto celebrado en Constantinopla en 692 decretó que las mujeres diáconos debían tener al menos cuarenta años antes de ser ordenadas, lo cual indica que estaban todavía activas en la Iglesia.[27] De acuerdo con la Colección Canónica del Patriarca Focio de Constantinopla, había cuarenta mujeres diáconos en esa Iglesia en el siglo IX.[28] Para el siglo XI, sin embargo, ya no se ordenaba a mujeres diáconos en la Iglesia Oriental, aunque escritores posteriores ciertamente conocían la anterior costumbre de tener mujeres diáconos. Desde los primeros días del cristianismo, por tanto, y por más de la mitad de la historia cristiana, las mujeres diáconos desempeñaron un importante papel en la Iglesia Oriental y se recordó que lo habían hecho incluso después de que ya no existían como un orden en la Iglesia.

Mujeres diáconos en la Iglesia Occidental

Las primeras referencias atendibles sobre mujeres diáconos como tales en el cristianismo occidental aparecen en el siglo V, esto es, mucho más tarde que en la Iglesia Oriental. Ambrosiaster y Pelagio, como se mencionó antes, hablan de mujeres diáconos, pero entienden esta institución como una práctica oriental y no como una de su propia Iglesia Occidental. El Concilio de Nimes en 394, notando que "al parecer las mujeres han asumido el servicio sacerdotal," ordenó que "esas ordenaciones debían ser invalidadas cuando se hacen en contra de la razón. Se debe cuidar que nadie las acepte en el futuro." Algunos académicos han dicho que el Concilio buscaba prohibir precisamente el diaconado.[29] El primer Concilio de Orange, celebrado en 441, ciertamente tenía conocimiento de las mujeres diáconos y no se asombraba de ello. "Las mujeres diáconos de ningún modo deben ser ordenadas. Si hay algunas que hayan sido ya ordenadas, permítaseles someter sus cabezas a la bendición que se le otorga al pueblo." Es muy difícil saber con precisión qué ministerio estaban tratando de prohibir los obispos aquí, dado que no hay otra evidencia de mujeres diáconos en Occidente durante este período temprano. ¿Es posible que estas mujeres diáconos provinieran en realidad de Oriente? De hecho, el Concilio de Nimes, de 394, había estado preocupado también sobre los "así llamados sacerdotes y diáconos que venían de lejanas partes de oriente" y ordenaron que no se les admitiera al ministerio del altar. Una posibilidad, entonces, sería que las mujeres diáconos vinieran primero a Occidente desde las Iglesias Orientales.[30]

Otra posibilidad es que las mujeres en Occidente, que desempeñaban el mismo rol que las mujeres diáconos en Oriente, fueran llamadas "viudas" y no diáconos. Las viudas eran también un orden de mujeres de la Iglesia primitiva, que tenían su propia vestimenta distintiva, votos y un lugar en la iglesia durante la liturgia. El Concilio de Epaona, celebrado en 517, por ejemplo, juntó los ministerios de las viudas y de las mujeres diáconos, cuando el obispo anuló en toda la región la consagración de viudas "que son llamadas mujeres diáconos."[31] Una vez más, puede ser que el mismo Segundo Concilio de Orange se dirigiera a esas mujeres en 533: "Las mujeres que, hasta este momento, contra la prohibición de los cánones, recibieron la bendición del diaconado, si se prueba que han contraído matrimonio de nuevo, se les debe negar la comunión."[32] Los padres del Concilio pasan una vez más a tratar de abolir el cargo de las mujeres diáconos, justificando la decisión basándose en la fragilidad de las mujeres. Como veremos más tarde, el Derecho Canónico pedía a las mujeres diáconos que fueran castas incluso si estaban casadas. Una vez que habían hecho voto de castidad, no se podían volver a casar si enviudaban. Durante casi cien años, los obispos merovingios continuamente trataron, por tanto, de prohibir el orden de las mujeres diáconos en Occidente. Su intención quedó notablemente frustrada, pues en los siglos siguientes hubo varias mujeres que fueron ordenadas mujeres diáconos.

Las referencias a mujeres concretas que eran diáconos en la Iglesia Occidental son mucho menos conocidas y no están incluidas en la mayoría de las colecciones de documentos mencionadas arriba. Hay un número significativo, sin embargo, repartidas a lo largo de los siete siglos. Además de los documentos de los concilios que ya hemos mencionado, hay varias referencias en testamentos, cartas y crónicas de mujeres que eran diáconos. Remigio, el longevo obispo de Reims (ca. 433–ca. 533), dejó un testamento en el que le heredaba una sierva de nombre Noca y parte de un viñedo a "mi bendita hija, Helaria, la diaconisa."[33]

La mujer diácono más famosa en la Iglesia Occidental fue sin duda la reina Radegunda, esposa del rey Clotario I (511–558). De forma dramática, dejó al rey en 550 aproximadamente y exigió ser ordenada diácono por Medardo, obispo de Noyón, quien, a pesar del miedo al castigo del rey, obedeció a regañadientes. El poeta y obispo Venancio Fortunato describió el hecho de forma vívida:

> Ella dejó al rey y fue directamente al santo Medardo de Noyón. Le rogó de forma insistente

> que pudiera cambiar su vestido y ser consagrada a Dios. Pero teniendo presente las palabras del Apóstol: "¿Estás ligado a una esposa? No busques ser desatado," dudaba en vestir a la Reina con la túnica de una *monacha* [monja]. Porque incluso entonces, los nobles acosaban al hombre santo y trataban de arrastrarlo brutalmente a través de la basílica desde el altar para impedirle imponer el velo a la esposa del rey para que el sacerdote no creyera que podía llevarse a la reina oficial del rey como si fuera una mera prostituta. La más santa de las mujeres tuvo conocimiento de esto y, ponderando la situación, entró a la sacristía [y] le colocó [a la reina] el hábito monástico y [ella] se dirigió directamente al altar, diciéndole al bienaventurado Medardo: "Si tú te acobardas y no me consagras, y temes al hombre más que a Dios el Pastor, Él exigirá el alma de su oveja de tu mano." Él quedó atónito con este argumento e, imponiendo su mano sobre ella, la consagró diaconisa.[34]

Las inscripciones nos han dejado testimonios mucho más breves de otras tres mujeres diáconos: Ana, una mujer diácono de Roma en el siglo XI; Teodora, una mujer diácono de la Galia enterrada en 539; y Ausonia, una mujer diácono de Dalmacia en el siglo VI. La inscripción de Ausonia mencionaba a sus hijos, siendo así ella la única de las tres con evidencia de que estaba casada. En la segunda mitad del siglo VII, el autor anónimo de la vida de santa Sigolena, describe cómo esta fue consagrada diácono (*consecravit diaconam*) después de la muerte de su esposo. En un documento oficial de 636, el diácono Grimo de Tréveris se refiere a su hermana Emengauda como un diácono.[35]

También existen varias referencias sobre mujeres diáconos del siglo VIII. El papa Gregorio II escribió tres cartas a mujeres diáconos entre 715 y 730. Dos están dirigidas a las mujeres diáconos de San Eustaquio y una a Matrona, una mujer diácono religiosa, y a los hijos y nietos de esta.[36] Una prohibición del papa Zacarías en 743 establecía que "nadie se debería atrever a unirse físicamente con una abominable consorte, como una *presbytera* [la palabra latina para una mujer sacerdote], mujer diácono, religiosa o monja, o una madrina."[37] Sergio, después de convertirse en arzobispo de Ravena en 753, "consagró a su esposa Eufemia diácono (*diaconissa*)."[38] Cuando León III regresó a Roma en 799, una crónica del evento menciona que fue recibido por toda la población, incluyendo "mujeres santas, mujeres diáconos (*diaconissae*) y las más nobles matronas."[39] El Concilio de Roma, celebrado en 826, prohibió ciertos matrimonios ilegales, incluidos aquellos con cualquier mujer con velo o mujer diácono.[40] Las mujeres diáconos siguieron apareciendo en documentos entre los siglos X y XII. El papa León VII (ca. 937–939) repitió la prohibición del Concilio de Roma de 826 y la colección de leyes del siglo IX, conocida como las Decretales Pseudoisidorianas, también prohibió el matrimonio con mujeres diáconos.[41]

En 1018, Benedicto VIII confirió al cardenal obispo de Porto el derecho a ordenar obispos, sacerdotes, diáconos varones o mujeres (*diaconibus vel diaconissis*), subdiáconos, iglesias y altares. El privilegio fue concedido de nuevo por Juan XIX en 1025 y por León IX en 1049. En 1026, Juan XIX concedió al obispo de Silva Cándida[42] "consagraciones del altar de la iglesia de San Pedro y de otros monasterios, también la consagración de iglesias, altares, sacerdotes, clérigos, diáconos o diaconisas en toda la Ciudad Leonina."[43] Benedicto IX siguió otorgando este privilegio en 1037.[44] Las mujeres diáconos existieron en la diócesis de Lucca, en Italia, por lo menos hasta la época de Otón, obispo de 1139 a 1146.[45] El famoso teólogo del siglo XII Abelardo y su esposa Eloísa, escribiendo en Francia, ambos se refieren al estatus de ella como el de una diácono.[46]

Todavía más importante que las referencias a mujeres diáconos en la literatura de los primeros 1200 años del cristianismo es la existencia de la liturgia para la ordenación de mujeres diáconos. Junto con los rituales para la ordenación de obispos, sacerdotes y diáconos, los libros usados por los obispos para las ceremonias religiosas también tienen servicios para mujeres diáconos.

Ritos de ordenación para mujeres diáconos en la Iglesia Oriental

Los ritos para la ordenación de mujeres como diáconos aparecen en época muy temprana en el cristianismo. Una de las oraciones más tempranas para esta ceremonia se encuentra en una colección de Órdenes de la Iglesia compilada a partir de materiales más antiguos y ahora conocidos como las *Constituciones Apostólicas*:

> Pero ahora en relación con una diaconisa, yo, Bartolomeo hago esta enseñanza. Oh, obispo, vas a imponer tus manos sobre ella en presencia de los presbíteros y diáconos, y dirás: Oh, Dios eterno, Padre de nuestro Señor Jesucristo, Creador del hombre y de la mujer, quien llenó con su Espíritu a Miriam y Débora y Ana y Julda, Tú no rechazaste que tu Hijo único, engendrado, naciera de una mujer, quien también en el tabernáculo del testimonio y en el Templo nombró a los guardianes de las puertas santas, también ahora mira a tu sierva

> quien está a punto de ser elegida para el diaconado y concédele el Espíritu Santo, y límpiala de toda inmundicia de carne y espíritu para que pueda llevar a cabo dignamente la obra que se le confía para tu gloria y alabanza de Cristo, con el cual la gloria y la alabanza sean para ti y para el Espíritu Santo por siempre. Amén.[47]

En 1655, el gran liturgista del siglo XVII Jean Morin preparó una colección enorme de ritos de ordenación en griego, latín y siriaco. Incluyó una sección aparte en la que habla sobre las mujeres diáconos y concluyó que en los rituales griegos más antiguos se usaban los mismos ritos para los diáconos y para las mujeres diáconos.[48]

> Tres de los más antiguos rituales griegos, en completa concordancia entre sí, nos transmiten la ordenación de mujeres diáconos, conferida con casi los mismos ritos y palabras con los que los diáconos [eran ordenados]. A ambas se les llama ordenación, χειροτονία [cheirotonia], χειροθεσία [cheirothesía]. Ambas se celebran en el altar por el obispo y en el mismo espacio litúrgico. Se imponen las manos sobre ambos mientras el obispo hace oración. La estola se coloca en el cuello en ambos, tanto el varón ordenado como la mujer ordenada comulgan, el cáliz lleno de la sangre de Cristo se coloca en las manos de ambos para que puedan consumirla.[49]

John Wijngaards llegó a una conclusión similar en su estudio de los diez manuscritos más antiguos que contienen el ritual griego para la ordenación de mujeres diáconos. Estos datan del siglo VIII al XIV. Ofrece un análisis y traducción al inglés de las oraciones de ordenación.[50] Kyriaki

Karidoyanes FitzGerald también analiza y traduce la ceremonia del siglo VIII para la ordenación de una mujer diácono. En la traducción de la Dra. FitzGerald, la oración de ordenación dice:

> Señor santo y omnipotente, por el nacimiento de tu único Hijo nuestro Dios de una Virgen según la carne, has santificado el sexo femenino. Concedes no solo a los hombres, sino también a las mujeres la gracia y la venida del Espíritu Santo. Por favor, Señor, mira a esta tu sierva y destínala a la tarea de tu diaconado y vierte en ella el rico y abundante don de tu Santo Espíritu. Protégela para que desempeñe siempre su ministerio con fe recta y conducta irreprochable, según lo que te es agradable. Porque a ti es debido todo honor y toda gloria.[51]

Es claro por esta evidencia que las mujeres eran ordenadas diáconos continuamente en la Iglesia Oriental durante muchos siglos. Existen referencias de mujeres que eran diáconos a lo largo de este periodo y las liturgias para ordenar a mujeres para esta función existen desde el siglo IV hasta el XIV.

Ritos de ordenación para mujeres diáconos en la Iglesia Occidental

Los rituales más tempranos de ordenación de una mujer en Occidente provienen del libro de liturgia, del siglo VIII, del obispo Egberto de York.[52] El libro contiene una sola oración para la ordenación, tanto de un diácono varón como mujer, que aparece en medio del rito de ordenación de un diácono. La impresión que se da es que el rito de ordenación para un diácono varón es el mismo que el usado para una mujer diácono. Esta oración aparecerá a menudo en rituales, tanto para diáconos varones como para mujeres diáconos, y es la oración de consagración más frecuente para este oficio. La oración dice: "Escucha, Señor, a nuestras oraciones y a este tu siervo envía ese espíritu de tu bendición para que, enriquecido por los dones celestiales, él [o ella] pueda obtener gracia a través de tu majestad y que, al vivir rectamente, dé ejemplo a los demás. Por [nuestro Señor Jesucristo]."[53]

El pontifical de Egberto también contiene oraciones separadas para la bendición de una mujer diácono y un varón diácono. Difieren de forma sustancial. La oración sobre una mujer diácono subraya su virginidad, refiriéndose a las vírgenes sabias que esperaron al novio con el aceite de la virtud; la oración sobre los diáconos varones pide a Dios paz y prosperidad, prometiendo la bendición de Dios para la imagen que Dios formó en él.

El sacramentario gregoriano del siglo IX ofrece precisamente la misma oración para la ordenación de un diácono mujer que el pontifical de Egberto: "Escucha, oh Señor." La oración aparece otra vez como una oración alterna en la ceremonia para la ordenación de un diácono. En este caso, la oración para hacer a una mujer diácono aparece separada del rito de ordenación de un diácono. Como no se da una ceremonia completa para la ordenación de una mujer diácono, parece que se usaba el mismo ritual para ordenar a un diácono varón que a una mujer diácono. No habría ninguna razón para repetir todo el ritual para ambos ministerios, a no ser que fueran diferentes. Solo la oración de ordenación necesitaría ser incluida como un elemento separado, como de hecho lo es.

El Pontifical Romano-Germánico del siglo X contiene la liturgia completa, tanto para la ordenación de una mujer diácono como para la ordenación de un varón diácono. El rito de ordenación para una mujer diácono tiene lugar dentro de la Misa y comienza con las rúbricas: "Cuando el obispo bendice a la diaconisa, coloca el *orarium* sobre su cuello. Sin embargo, cuando ella se dirige a la iglesia, lo usa alrededor del cuello, de forma que ambas puntas del orarium queden debajo de su túnica."[54] El *orarium* es un tipo de estola que, de acuerdo con el Concilio de Toledo en 633, era usado por obispos, sacerdotes y diáconos. De acuerdo con este Concilio, el diácono debía usar su *orarium* en el lado izquierdo cuando "oraba, es decir, predicaba."[55] El *orarium* sería uno de los instrumentos de la mujer diácono, que indicaba su función, la cual en este caso sería predicar. Esto tendría sentido a la luz de comentarios canónicos del siglo IX que describen a las mujeres diáconos como "ordenadas con la imposición de manos de un obispo… para instruir a todas las mujeres cristianas en la fe y en la ley de Dios, como ellas hicieron en la vieja ley."[56] Después del Gradual (una oración entre la Primera Lectura de la liturgia y la lectura del Evangelio),[57] la mujer diácono se postra ante el obispo durante la letanía, después de la cual él recita la oración "Escucha, oh Señor." Las rúbricas para el ritual siguen con una oración de consagración que hace énfasis enérgicamente en la castidad de la mujer diácono, comparándola con Ana, la viuda mencionada en Lucas 2:36–38 y, de hecho, esta oración ha sido utilizada en sacramentarios tempranos como una oración de consagración para viudas. De acuerdo con la oración, el ministerio de la mujer diácono fue instituido por los Apóstoles para la instrucción de las jóvenes. La mujer diácono debe ser ungida con el crisma por la mano del obispo.

El obispo, entonces, coloca el *orarium* en el cuello de la mujer diácono, llamándolo una *stola*, la misma palabra utilizada para la estola del diácono. Debido a que en el rito para un sacerdote en el mismo sacramentario la estola es llamada *orarium*, los dos términos parecen ser intercambiables. La mujer diácono misma toma un velo del altar y se lo pone en la cabeza. Por último, la mujer diácono acepta un anillo y una corona de manos del obispo. La recepción del velo, el anillo y la corona—pero no de la estola—son también parte del ritual usado en la consagración de las vírgenes.

Una liturgia casi idéntica aparece también en el Pontifical Romano del siglo XII. Esta versión, sin embargo, no tiene rúbricas, por tanto, es difícil saber exactamente cómo procedía el ritual. Además, la oración "Escucha, oh Señor" no aparece. Sin embargo, el hecho de que la liturgia fuera incluida en el pontifical es importante. También, de acuerdo con el famoso historiador litúrgico Cyrille Vogel, "Los liturgistas romanos buscaron eliminar una buena cantidad de material arcaico e innecesario del Pontifical de Maguncia [el Pontifical Romano-Germánico] (...) Los ritos que fueron conservados, fueron o simplificados (...) o adaptados a las peculiares condiciones de la Iglesia de Roma."[58] Esto indicaría que el rito fue de hecho usado en la ciudad papal en el siglo XII. La ceremonia de ordenación para una mujer diácono se abandonó en el Pontifical Romano del siglo XIII y no vuelve a aparecer. No sorprende: el siglo XII también tiene la última referencia a una mujer diácono, Eloísa de París. Para el siglo XIII, esta función ha desaparecido de la Iglesia Occidental.

Así que había mujeres diáconos, trabajando tanto en la Iglesia Oriental como en la Occidental durante siglos antes de desaparecer de la escena lentamente hacia el siglo XII. Los historiadores están seguros de que estaban ahí; no están tan seguros sobre lo que hacían.

El ministerio de las mujeres diáconos

En los primeros años del cristianismo, las mujeres que eran designadas diáconos probablemente hacían lo mismo que los hombres designados diáconos. *Diakonos* en griego significa simplemente "siervo" y por ello los "siervos" de la Iglesia hicieron tareas de servicio. Se encargaban de los pobres, visitaban a los enfermos y a los que estaban en prisión, y en definitiva cuidaban el tejido social de la Iglesia. Probablemente no era de ninguna manera un "orden" en la forma en que podríamos creer. Era un conjunto de tareas; eran las personas escogidas por la comunidad para encargarse de lo que podríamos llamar "servicios sociales." Era un trabajo muy importante, porque había muy pocos servicios como esos en el Imperio Romano, aparte de la comunidad judía de la cual el cristianismo extrajo su ética social. De hecho, según el historiador de la Iglesia primitiva Henry Chadwick, la caridad de los cristianos fue probablemente la razón de su gran éxito para ganar conversos.[59]

La primera referencia al papel de servicio que se convertiría en el sello distintivo de los diáconos[60] aparece en los Hechos de los Apóstoles:

> Por aquellos días, al multiplicarse los discípulos, hubo quejas de los helenistas contra los hebreos, porque sus viudas eran desatendidas en la asistencia diaria. Los Doce convocaron la asamblea de los discípulos y dijeron: "No está bien que nosotros abandonemos la palabra de Dios por servir a las mesas. Por tanto, hermanos, busquen de entre ustedes a siete hombres, de buena fama, llenos de Espíritu y de saber, y los pondremos al frente de esa tarea; mientras que nosotros nos dedicaremos a la oración y al ministerio de la palabra." (Hechos 6:1–4)

No sorprende que el cuidado de mujeres enfermas y de mujeres pobres lo realizaran mujeres elegidas por la comunidad cristiana para esta tarea. Se les llamaba "diáconos" porque era el rol que desempeñaban. En las *Constituciones Apostólicas* del siglo IV, encontramos este rol cuidadosamente explicado: "Y que la mujer [diácono] sea diligente en el cuidado de las mujeres. Ambos [diáconos varones y diáconos mujeres] deben estar listos para llevar mensajes, viajar, ejercer el ministerio y servir."[61] Más tarde, en la sección de las *Constituciones* conocida como los Cánones Apostólicos, el papel de las mujeres como ministros de los enfermos se menciona específicamente: "La otra [de las tres mujeres elegidas] se ocupará de las mujeres que sufren alguna enfermedad. Ella debe ser un buen diácono, confiable, que reporte todo lo necesario a los sacerdotes, no dada al vino, ni amante del dinero (1 Tim 3:8), de forma que pueda permanecer despierta por la noche o si alguien más le pide hacer otras buenas obras."[62]

Las mujeres diáconos también predicaban el Evangelio a otras mujeres, acudiendo a lugares a donde los hombres no podían entrar. Clemente de Alejandría, que escribió en el siglo II, describió este rol:

> Pero los [apóstoles], de acuerdo con su ministerio, se dedicaron ellos mismos a predicar sin ningún tipo de distracción y llevaron mujeres consigo, no como esposas, sino como hermanas, que podían ser sus cоministros al atender a mujeres en sus casas. Fue a través de ellas que la enseñanza del Señor penetró también en las habitaciones de las mujeres sin provocar escándalo. También conocemos las instrucciones sobre las mujeres diáconos que da el gran Pablo en su otra carta, la carta a Timoteo. (1 Tim 3:11)[63]

El papel de enseñar de las mujeres parece haber continuado al menos hasta el siglo IV, cuando Pelagio anotaba que "en las regiones de oriente uno ve a mujeres diaconisas [*diaconissae mulieres*], incluso en estos días, atendiendo a miembros de su mismo género en el bautismo y en el ministerio de la palabra. Porque encontramos mujeres que enseñan en privado, como hizo Priscila cuyo esposo se llamaba Aquila."[64]

Poco a poco, igual que como hicieron los diáconos varones, las mujeres diáconos también adquirieron roles litúrgicos. Todavía más importante, desvestían y conducían a las catecúmenas a la fuente bautismal. Por razones de modestia, obviamente, esto era algo que los diáconos varones no podían hacer. Las *Constituciones Apostólicas* explicaban: "Necesitamos a una mujer diácono por muchas razones, en primer lugar, al bautizar mujeres, el varón diácono solo ungirá sus frentes con el óleo santo y después de él, la mujer diácono las ungirá; porque no hay necesidad de que las mujeres sean vistas por los hombres."[65]

Al menos en la Iglesia Occidental, hay referencias de mujeres diáconos leyendo el Evangelio. Como ya hemos visto, las mujeres diáconos recibían el *orarium* (estola) cuando eran ordenadas en Occidente. La prenda era para usarse específicamente durante la predicación. Una mujer también recibía esta prenda en las liturgias Orientales después de la ordenación y antes de que recibiera la comunión.[66]

También, al menos en Occidente, el recuerdo de mujeres diáconos que leían el Evangelio duró hasta el siglo XII. Una gran colección de leyes de la Iglesia compilada por el monje Graciano en Bolonia a mediados del siglo XII, pronto se convirtió en el texto de referencia, tanto para la enseñanza como para la implementación de la ley de la Iglesia. El *Decretum*, como era comúnmente conocido, fue la base para gran parte de la ley de la Iglesia Católica Romana, hasta que fue revisado en 1917. El influyente erudito Rolando, comentando el *Decretum* alrededor de 1148, aceptaba que "no hay duda de que era la costumbre en el pasado ordenar a mujeres diáconos, esto es, lectoras del Evangelio, que no debían ser ordenadas antes de los cuarenta años de edad, ni se les debía permitir casarse después de la ordenación."[67] Étienne de Tournai (escribió en la década de 1160) copió a Rolando, sugiriendo que estas santas mujeres fueran llamadas mujeres diáconos porque se les permitía leer el Evangelio. Canonistas posteriores, como los influyentes intelectuales Huguccio de Bolonia y Johannes Teutonicus (Juan el Germano), dirían que las mujeres diáconos nunca habían sido ordenadas realmente; pero todavía concedían que algunas mujeres podían haber sido llamadas diáconos porque habían recibido una bendición especial que les permitía leer el Evangelio, aunque no en Misa.[68] Por tanto, parece bastante probable que las mujeres diáconos leyeran el Evangelio en los inicios de la Edad Media y, de hecho, esa fue considerada su principal función como diáconos.

Mujeres diáconos casadas

Parece que, al menos al inicio de la Edad Media, algunas mujeres pudieron haber estado casadas,[69] aunque solo hay una referencia explícita de ello. El segundo Concilio de Tours, en 567, prohibió a las mujeres diáconos dormir con sus esposos, a los que también se les llamaba diáconos. Hay muchas más referencias a las esposas de los obispos y sacerdotes a las que se les llama *presbytera* (mujeres sacerdotes) y *episcopa* (mujeres obispos). Al parecer algunas, pero no todas las mujeres diáconos, pertenecían al grupo de mujeres cuyos esposos eran también clérigos. Las esposas de obispos, sacerdotes y diáconos estaban obligadas por la ley de la Iglesia a separarse de sus esposos y a vivir una continencia similar a la de las viudas, vírgenes y monjas. Ambos cónyuges entraban de mutuo acuerdo en ese estado. Los Concilios de Orange en 441, de Agda en 506, de Arles en 524 y de Toledo en 663, todos llamaron a esa decisión mutua una "conversión" o "profesión," términos comunes para entrar en una orden religiosa. Incluso a mediados del siglo XI, como lo pidió el papa León IX, se necesitaba el consenso de ambos cónyuges para que un clérigo menor pudiera convertirse en subdiácono. En efecto, se esperaba que ambas partes entraran a la vida religiosa con votos. Una vez que las mujeres entraban en este *ordo*, eran, si no en la realidad, sí en la práctica, viudas. En el Concilio de Gerona en 517, se alentaba a que los esposos vivieran en casas separadas y en el Concilio de Lyon, en 583, se les ordenaba a los cónyuges a ni siquiera compartir actividades cotidianas. Varios concilios castigaban a los sacerdotes que habían procreado hijos o a aquellos que volvían a sus esposas para tener relaciones conyugales. A algunas parejas se les describe al menos viviendo en edificios distintos.

Sin embargo, no todos los obispos, sacerdotes y diáconos se separaron de sus esposas o comenzaron una vida de continencia. Según Jo Ann McNamara: "Los clérigos defensores del matrimonio casto eran, no obstante, una élite. Ofrecían un ejemplo que difícilmente podían esperar se adaptara a la gran mayoría del clero."[70] El clero siguió casándose y viviendo una vida matrimonial activa ya bien adentrado el siglo XII. Si hubo ceremonias en las que las esposas de los sacerdotes o diáconos hicieran votos y una vida de continencia, quizás solo esas mujeres que se separaban de sus esposos y se sometían a esa ceremonia eran llamadas *episcopae*, *presbyterae* y *diacona* o *diaconissa*. Si era sí, entonces algunas mujeres diáconos—pero no todas—eran las esposas de diáconos que habían hecho voto de castidad.

Esto no significa que esas mujeres no desempeñaran el ministerio normal de un diácono. De hecho, una pareja casada bien podía haber formado un "equipo pastoral" y realzar juntos labores diaconales. Dado que hay evidencia, como ya se explicó, de que las mujeres diáconos enseñaban a otras mujeres, las preparaban para el bautismo y leían el Evangelio en Misa, no hay razón para pensar que todas estas funciones fueran realizadas por mujeres diáconos que estuvieran casadas. Tanto el esposo como la esposa podrían haber sido diáconos que también hacían un voto extra de castidad en su matrimonio.

Mujeres diáconos abadesas

En la Iglesia Occidental, las abadesas a veces eran diáconos. Radegunda y Sigolena, por ejemplo, fueron ordenadas diáconos, pero también llegaron a ser abadesas.[71] Un grupo de comentaristas de los siglos IX y X del Derecho Canónico sobreentendían que las abadesas eran diáconos, afirmando simplemente, "Una mujer diácono es una abadesa."[72] Del mismo modo, Atto de Vercelli (ca. 924–ca. 960) hablaba de escritores quienes sostenían que a las mujeres llamadas "diáconos" en el pasado, ahora se les llamaba "abadesas." Al parecer, con el tiempo, las abadesas llegaron a ser vistas como la continuación viviente el antiguo ministerio de las mujeres diáconos fundado por los Apóstoles.

En este sentido, entonces, a los ojos de la gente del medioevo, las mujeres diáconos no desaparecieron en Occidente. Siguieron trabajando en la Iglesia sin interrupción desde la época de Cristo. Es fácil comprender por qué los contemporáneos podrían haber pensado así. Las abadesas hacían muchas cosas que las mujeres diáconos habían hecho. Leían el Evangelio. Algunas veces distribuían la comunión. Ciertamente, enseñaban a las jóvenes y algunas veces a los jóvenes. En este sentido, las mujeres diáconos siguieron existiendo mucho tiempo después de que el nombre específico hubiera desaparecido del escenario eclesiástico, en la medida en que las abadesas siguieron realizando tareas diaconales en medio de sus otras muchas obligaciones.

Varios canonistas del siglo XII, como se mencionó antes, se referían a las abadesas como a las "nuevas" mujeres diáconos; pero fue el teólogo del siglo XII Abelardo quien defendió con más pasión e inteligencia la postura de que las mujeres santas (*sanctimonialia*) constituían un antiguo orden de la Iglesia y, más específicamente, que las abadesas ahora eran mujeres diáconos. Escribió sobre este tema varias veces, pero su defensa más amplia la hizo a instancias de su esposa, la abadesa Eloísa, quien se refería a sí misma como diácono (*diaconissa*). Ella pidió que Abelardo hiciera una historia de su orden de santas mujeres (*sanctimonialia*). Abelardo respondió con la que posiblemente es la defensa más completa y apasionada de la ordenación de las mujeres en la alta Edad Media.[73] La respuesta de Abelardo a la petición de Eloísa de hacer una historia y la justificación de las órdenes de mujeres ha sido descrita por Jean Leclercq y Mary Martin McLaughlin como "única en la literatura medieval."[74]

Abelardo sostuvo repetida y enfáticamente que el título de "abadesa" era el nuevo nombre para el antiguo orden de las mujeres diáconos. Considerar a las abadesas como a las sucesoras de las mujeres diáconos de la Iglesia primitiva dominó de tal forma el pensamiento de Abelardo y Eloísa, que ambos usaron el título de "diácono" de forma intercambiable con el título de "abadesa." Eloísa y Abelardo citaron fuentes que se referían a las mujeres diáconos/abadesas como ordenadas y como un orden. Tanto Abelardo como Eloísa consideraban a las abadesas como a las sucesoras del antiguo orden de las mujeres diáconos, una función clerical ordenada establecida por el mismo Cristo. La repetida defensa de Abelardo de esta postura no podía ser más clara; incluso la forma en que Eloísa formuló su petición a su esposo sugiere que esta es precisamente la postura que ella quería que él defendiera. En las palabras de McLaughlin, "[Abelardo] difícilmente, al parecer, podía haber ido más lejos en su búsqueda de argumentos, testimonios y ejemplos que pudieran exaltar y dignificar tanto el género como la vocación de las mujeres religiosas."[75]

La desaparición de las mujeres diáconos

Abelardo y Eloísa fueron dos de los últimos escritores cristianos, tanto en Oriente como en Occidente, en sostener la existencia ininterrumpida de mujeres en el diaconado. Para el siglo XII, parece que las mujeres diáconos eran una rareza en el Cristianismo de Oriente. Teodoro Balsamon, el canonista griego del siglo XII, recordaba que había habido alguna vez mujeres diáconos, pero decía que ya no seguía habiendo:

> En tiempos pasados, el orden (*tagmata*) de las diaconisas estaba reconocido y tenían acceso al santuario (*bema*). Pero su aflicción mensual las desterró del santuario divino y santo. En la santa sede de Constantinopla, mujeres diáconos eran nombradas para ese oficio, sin participación alguna en el santuario, sino asistiendo a las funciones de la iglesia y dirigiendo la asamblea de las mujeres de acuerdo con la forma de proceder de la iglesia.[76]

Teodoro, sin embargo, reconocía que el título de mujer diácono todavía existía entre algunas monjas, pero no eran ordenadas, otra vez por causa de la menstruación:

> Una diaconisa (*diakonissa*) hoy no es ordenada, incluso si a algunas ascetas mujeres se les llama de forma genérica diáconos. Porque existe un canon que establece que las mujeres no pueden entrar en el santuario. ¿Cómo podría alguien que no puede acercarse al altar, desempeñar la función de diácono?[77]

El canonista del siglo XIV Mateo Blastres también reconoce que las mujeres alguna vez fungieron como diáconos, pero esto al final fue prohibido, otra vez a causa de la menstruación:

> Las mujeres diáconos entonces realizaban cierto servicio entre el clero (kleroi), el cual ahora es casi desconocido para todos. Hay algunos que dicen que bautizaban a las mujeres, porque no era apropiado que los hombres vieran sin ropa a las que estaban siendo bautizadas, que eran de cierta edad. Otros dicen que se les permitía acercarse al altar santo y realizar casi todas las funciones hechas por los diáconos varones Padres posteriores les prohibieron el acceso y realizar estos servicios a causa de su flujo mensual que no podía ser controlado. Por tanto, era legítimo en tiempos anteriores que las mujeres accedieran al santo altar y que, de hecho, lo buscaran, sobre todo según la oración fúnebre que Gregorio Magno [Nacianceno] hizo para su hermana.[78]

El argumento contra la ordenación de mujeres diáconos dado por Teodoro y Mateo es muy importante. Al parecer, la principal razón por la que las mujeres dejaron de ser ordenadas diáconos, tanto en Oriente como en Occidente, fue la introducción gradual de leyes de pureza tomadas de las Escrituras Hebreas. La menstruación y dar a luz eran vistos como impedimentos para que las mujeres sirvieran en el altar o para que finalmente fueran ordenadas. La situación era ligeramente más complicada en Occidente porque una carta del papa Gregorio I (590–604) establecía que la menstruación no debía considerarse un obstáculo para que las mujeres acudieran a la iglesia. Poco a poco, sin embargo, las leyes de pureza se impusieron y se consideró a las mujeres como no aptas para la ordenación. Junto con este argumento legal estaba un cambio radical en la definición de la ordenación en Occidente, el cual poco a poco influyó al Oriente.[79]

La forma de entender la ordenación antes del movimiento de reforma del siglo XI en la Iglesia Occidental era muy distinta de aquella que emergería de los debates escolásticos y canónicos del siglo XII.[80] En el milenio del cristianismo, las palabras *ordo* ("orden"), *ordinatio* ("ordenación") y *ordinare* ("ordenar") tenían significados muy distintos de los que llegarían a tener en los siglos posteriores. Las comunidades cristianas tomaron el significado de "ordenación" del lenguaje común. *Ordo* se refería más comúnmente al mero estado de vida de alguien y *ordinare* originalmente significaba poner orden ya sea en sentido político o metafórico. De hecho, *ordinare* en su sentido más básico simplemente significa cierto método de organización. Colocar tus libros en orden alfabético es, en latín, "ordenarlos." Y al acto de hacerlo se le llama una "ordenación." *Ordines* (el plural de *ordo*) también puede hacer referencia a los oficios de cierto grupo o sociedad porque esa sería la forma en que ese grupo o sociedad se organiza. Dentro de la comunidad cristiana, por supuesto, había distintos oficios que hacer. Se les llamó naturalmente *ordines* y el proceso por el que alguno era elegido para ese trabajo se llamaba *ordinatio*. Cualquier trabajo o vocación se llamaba un *ordo* y el proceso por el que alguien era elegido y designado para esa vocación era una ordenación.

Citemos al cardenal Yves Congar, un historiador de la Iglesia:

> La ordenación abarcaba al mismo tiempo la elección como su punto de partida y la consagración como su término. Pero en vez de significar, como sucedió desde inicios del siglo XII, la ceremonia en la que un individuo recibía un poder que se poseía a partir de ese momento de una forma en que nunca podía perderse, las palabras *ordinare, ordinari, ordinatio* significaban el hecho de ser designado y consagrado para ocupar un puesto, o mejor, cierta función, *ordo*, en la comunidad y para su servicio.[81]

La ordenación no le daba a una persona, por ejemplo, el poder irrevocable y personal de consagrar el pan y el vino, o de dirigir la liturgia; más bien, una determinada comunidad encargaba a una persona o personas desempeñar un papel de liderazgo dentro de la comunidad (y solo dentro de esa comunidad) y la persona o personas dirigirían la liturgia por el papel de liderazgo que jugaban dentro de la comunidad.

Como lo dice la cita de Yves Congar, solo los siglos XII y XIII los teólogos y canonistas concibieron, después de largos debates, otra definición de ordenación. De acuerdo con esta definición—aquella con la que nosotros estamos más familiarizados hoy en día—, la ordenación le concedía a quien la recibía, no un puesto dentro de la comunidad, sino un poder que podía ser ejercido en cualquier comunidad. De hecho, según los teólogos del siglo XIII, la ordenación imprimía un carácter indeleble en las almas de los ordenados, que los hacía diferentes de otros cristianos. El poder central que la ordenación concedía era el poder de consagrar el pan y el vino en el altar, por lo que, con el tiempo, se comenzó a ver la ordenación como la que tenía solo esos *ordines* que se utilizaban en el altar, es decir, los órdenes de sacerdote, diácono y subdiácono. Todos los demás órdenes anteriores ya no eran considerados como órdenes en cuanto tales.[82]

Como parte de esta redefinición, se excluyó a las mujeres de todos los órdenes, incluyendo el del sacerdote, diácono y subdiácono. De hecho, se enseñaba y se creía—y así es todavía en algunas partes—que las mujeres nunca ejercieron alguno de los roles limitados a esos tres órdenes.

Como dijimos antes, el comentario sobre la gran colección de leyes de la Iglesia conocido como el *Decretum* menciona los pasados roles de las mujeres como diáconos. Pero el *Decretum* mismo, reflejando la nueva definición de ordenación, estableció que las mujeres no podían ser diáconos. Graciano terminó la primera revisión del *Decretum* antes de la década de 1130. La segunda revisión, ca. 1150, se convirtió en el libro de texto de referencia para las escuelas de Derecho Canónico en Europa Occidental y conformó la ley de la Iglesia latina al menos hasta la Reforma. En la *causa* 15, *quaestio* 3, Graciano planteó la pregunta de si una mujer podía declarar en un caso contra un sacerdote. Respondió que ella no podía testificar porque "los que no están en el mismo *ordo* no pueden acusar ni testificar contra un sacerdote y tampoco tienen capacidad para hacerlo. Las mujeres no pueden acceder al sacerdocio y ni siquiera al diaconado, por ello, no pueden ni acusar a los sacerdotes ni testificar contra ellos."[83] Esta fue la primera declaración clara y no ambigua de que las mujeres no podían ser ordenadas sacerdotes o diáconos.

A pesar de ello, la situación en la segunda mitad del siglo XII, en Occidente, aún no estaba definida: los teólogos estaban divididos en su forma de comprender la ordenación y los canonistas estaban muy ocupados en una discusión sobre la ordenación de mujeres diáconos. Mientras el *Decretum* decía que las mujeres no podían ser ordenadas, sí incluía leyes que *hacían referencia* a las mujeres diáconos. Los canonistas eran los primeros en discutir en profundidad lo que esas referencias podían quizás significar si las mujeres no podían, de hecho, "acceder...incluso al diaconado," como había sostenido Graciano. La mayoría de los canonistas del siglo XII seguían a Graciano al sostener que las mujeres no podían ser ordenadas, pero las referencias representaban un problema inherente a esta posición. Curiosamente, las referencias no vienen de la Iglesia Occidental, sino de la Oriental. *La causa* 27, *quaestio* 1, *caput* 23 del *Decretum* citaba una ley del Concilio de Calcedonia de 451, la cual exige que las mujeres diáconos tengan 40 años y sean célibes. Otras dos referencias a las mujeres diáconos son de las *Novellae* de Justiniano, del siglo VI.[84]

Estas referencias mantenían vivo el recuerdo de las mujeres diáconos y, al hacerlo, se requería que los canonistas explicaran de alguna forma su existencia. Algunos de los primeros canonistas argumentaban que las mujeres de hecho habían sido ordenadas diáconos alguna vez, pero que ahora las abadesas deberían ser consideradas diáconos. Otros, sin embargo, distinguían entre la ordenación "real," que era una ordenación para servir en el altar, y una ordenación que en realidad solo era encomendar un ministerio particular. La "ordenación" de las mujeres diáconos, o de las abadesas, era claramente de un tipo secundario, no sacramental. Esta distinción sobreentendía una comprensión de la ordenación muy distinta de la que se tuvo en los primeros siglos. Porque en esa primera comprensión, como hemos visto, todas las ordenaciones eran encomiendas para un ministerio particular, no solo para los del altar.[85]

Escribiendo al final del siglo XII, el canonista más influyente de su época, Huguccio de Bolonia, fue más allá que cualquiera de sus predecesores al argumentar que las mujeres no podían ser ordenadas. "Pero yo digo que una mujer no puede recibir las órdenes. ¿Qué se lo impide? La ley de la Iglesia y el sexo, es decir, la ley de la Iglesia hecha con base en el sexo [se lo impide]. Por ello, si una mujer de hecho es ordenada, no recibe las órdenes y, por lo mismo, se le prohíbe ejercer el ministerio de las órdenes."[86] En otras palabras, incluso si una mujer fuera ordenada, la ordenación no tendría lugar. A pesar de la oposición de Abelardo y de algunos otros escritores, los autores del siglo XII pasaron de aceptar que las mujeres fueron alguna vez ordenadas, a enseñar que las mujeres nunca fueron ordenadas, para enseñar, finalmente, que las mujeres nunca podrían y nunca serían coordenadas. Esta última postura es la que los abogados canónicos y teólogos enseñarían el resto de la Edad Media.

En más o menos un siglo, las mujeres perdieron cualquier estatuto como parte del clero ordenado. No podrían ser ordenadas incluso con una ceremonia de ordenación. Nunca habían sido ordenadas realmente, a pesar de cualquier opinión autorizada que dijera lo contrario. Ahora todas las mujeres eran simplemente laicas y, además, siempre habían sido laicas y siempre lo serían. Era metafísicamente imposible que fueran ordenadas, haber sido ordenadas o incluso ser ordenadas alguna vez. La antigua y secular tradición de mujeres diáconos había llegado a su fin.

MUJERES DIÁCONOS: POSIBLIDADES EN EL PRESENTE

William T. Ditewig

INTRODUCCIÓN

Dejamos de centrar nuestra atención en el análisis histórico y nos adentramos en el teológico. La evidencia histórica sola no es determinante para la pregunta teológica y pastoral que nos ocupa: a saber, ¿pueden y deben las mujeres ser ordenadas diáconos? Como hemos visto, el registro histórico es bastante ilustrativo de dos puntos principales: (1) el ministerio, incluyendo el ministerio ordenado, era complejo y variado en la Iglesia antigua y medieval; (2) las mujeres participaban en todo ello. El trabajo del profesor Macy ha subrayado algo más de una importancia crucial para nosotros. El análisis histórico demuestra que el significado teológico de lo que la Iglesia ha querido decir con ordenación ha cambiado con el tiempo. Que la comprensión de las órdenes por parte de la Iglesia se desarrolle con el tiempo no debe sorprendernos y la historia del siglo XX nos muestra que otro cambio en la comprensión está teniendo lugar.

Me estoy refiriendo, a saber, a la reestructuración del sacramento del Orden según el Concilio Vaticano II. En este desarrollo teológico que siguió al Concilio Vaticano II, es posible ver un *novus mentis habitus*—una nueva forma de pensar—sobre el ministerio ordenado. Entre otras cosas, las decisiones conciliares llevaron a la completa reestructuración del sacramento del Orden: en Occidente, la supresión de la primera tonsura; la supresión de las cuatro órdenes menores de portero, lector, exorcista y acólito; y la supresión del orden mayor del subdiaconado. Ahora tenemos un diaconado renovado, que se ejerce de forma permanente y que está abierto a hombres tanto casados como célibes.

La naturaleza y el papel del episcopado también estuvo bajo escrutinio y renovación en el Vaticano II. Todo este desarrollo ha dado lugar a un importante examen teológico y canónico de temas relacionados con esta "nueva forma de pensar" acerca del ministerio ordenado. La comprensión teológica que surgió en el siglo XX, que el profesor Macy ha documentado de forma tan competente, está ahora ella misma en transición, mientras la Iglesia gana experiencia con el renovado orden del diaconado y otras formas de ministerio oficial. En este ensayo, por tanto, deseo tratar algunos de esos temas que pueden ayudar a afrontar la cuestión de la posibilidad de ordenar mujeres como diáconos. Obviamente, un análisis completo de estos temas va más allá de los límites de este proyecto. Deseo simplemente hacer un boceto de los que creo son parámetros importantes para reflexionar en la cuestión.

He titulado este ensayo "Posibilidades en el presente." Tomando en cuenta el estado de la reflexión teológica sobre el sacramento del Orden en la Iglesia contemporánea, ¿qué es posible? Los críticos a los que preocupa el mero hecho de que se hable de la cuestión de las mujeres como diáconos, ¿tienen una preocupación justificada? Otros sostienen que ordenar a mujeres como diáconos simplemente abriría la puerta a ordenar mujeres como presbíteros. Y otros críticos dicen que considerar a las mujeres como diáconos no es suficiente, porque, en su opinión, la verdadera pregunta es sobre ordenar a las mujeres como presbíteros.

Este ensayo quiere centrarse en esta pregunta muy concreta: Es posible, a partir de un análisis de la enseñanza de la Iglesia y de la visión del Concilio Vaticano II sobre el diaconado, ¿ordenar diáconos a las mujeres? Nuestra pregunta es una pregunta importante y legítima, aunque es un tema cargado de emotividad para muchas personas la cuales temen hablar de él. Esta pregunta se examina con un gran respeto hacia la Iglesia y hacia nuestra tradición. No es un acto de insubordinación, que es como algunas personas podrían interpretarlo, sino más bien de compromiso entusiasta con lo mejor que nuestra tradición puede ofrecer a la Iglesia y al mundo en nuestro tiempo.

Vamos a proceder en varios pasos. Primero, vamos a considerar el cambio de paradigma aportado por la renovación del Vaticano II en lo que ve a la teología del sacramento del Orden sobre un diaconado ejercido de forma permanente. Con esta decisión y su puesta en práctica, fue otra vez posible—después de más de un milenio—ordenar a alguien a un orden mayor de ministerio *distinto del* presbiterado. ¡Esto fue un desarrollo impresionante! Después de todo, hablar de "ordenación" a lo largo del segundo milenio era hablar en última instancia del presbiterado. Incluso el Código de Derecho Canónico de 1917 instruía a los obispos, "La primera tonsura y órdenes solo deben conferirse a aquellos que se proponen ascender al presbiterado y de quienes se puede esperar razonablemente que, en algún momento en el futuro, serán sacerdotes dignos" (c. 973).[1]

En segundo lugar, volveré al Concilio Vaticano II y examinaré el pensamiento de los padres conciliares sobre las posibilidades de un diaconado renovado. ¿Qué visión tenían de este orden? ¿Por qué creían que era necesario dar este paso tan audaz? ¿Qué podría sugerirnos esta visión en nuestra búsqueda de respuestas para nuestra pregunta? En tercer lugar, terminaré este estudio volviendo, finalmente, a la pregunta inicial. Dada una nueva forma de pensar en la naturaleza del diaconado como fue renovado por el Vaticano II y después por el Código de Derecho Canónico de 1983, ¿qué podríamos decir sobre ordenar a mujeres diáconos en la Iglesia contemporánea?

El diaconado como un orden "propio y permanente" distinto del sacerdocio[2]

Comenzamos con las palabras iniciales del número 29 de la Constitución Dogmática sobre la Iglesia del Vaticano II:

> En el grado inferior de la Jerarquía están los diáconos, que reciben la imposición de las manos «no en orden al sacerdocio, sino en orden al ministerio» [110]. Así, confortados con la gracia sacramental, en comunión con el Obispo y su presbiterio, sirven al Pueblo de Dios en el ministerio de la liturgia, de la palabra y de la caridad.[3]

La antigua afirmación de que los diáconos no son ordenados para el sacerdocio, sino para el servicio ha permanecido constante a lo largo de la historia del diaconado, mientras que los contextos culturales, canónicos y teológicos dentro de los que se ha hecho esta afirmación han variado mucho. Nosotros tomamos esta afirmación al pie de la letra: los diáconos no son ordenados con miras al sacerdocio. Existe una dificultad no pequeña para entender al diaconado contemporáneo como un grado "propio y permanente,"[4] de derecho propio, precisamente porque mucho del lenguaje teológico y canónico que se ha desarrollado en relación con los ministerios ordenados surgió durante y después del declive del diaconado como grado permanente. Si bien algunas veces se dice que el diaconado había *desaparecido* en gran medida a inicios del segundo milenio y que fue *restaurado* por el Concilio Vaticano II, tales afirmaciones son inadecuadas en cuanto a que ignoran un significativo cambio de paradigma. El diaconado *nunca* desapareció; más bien, se transformó y se convirtió en una etapa transitoria en el camino hacia la ordenación final en el presbiterado.

El desarrollo escolástico y moderno de la comprensión de la Iglesia del ministerio oficial, y del ministerio ordenado en particular, tuvo lugar después de la desaparición del diaconado como un orden propio y permanente, y antes de su renovación. Esto significa que la comprensión predominante de la ordenación ha sido casi exclusivamente *sacerdotal*. Cómo puede una persona estar ordenada sacramentalmente y no estar en el sacerdocio es una idea que se ha analizado muy poco.

Tanto en la historia como en la teología, por tanto, el diaconado dejó de ser descrito en sus propios términos y comenzó a ser definido y descrito por su relación con el presbiterado, su fin último. El paradigma para las discusiones sobre el ministerio ordenado, por tanto, ha sido primariamente sacerdotal y, en particular, el ministerio presbiteral. Otros ministerios, incluyendo el episcopado y el diaconado—al igual que varias formas de ministerio eclesial laico—son todavía considerados a menudo a la luz de este paradigma.[5] Al usar ese marco de referencia, los ministerios que no son el presbiterado a menudo son descritos en términos de lo que no son: los laicos son descritos como "no ordenados." Los diáconos se describen como hombres que "no" dicen misa, "no" escuchan confesiones, "no" dan los santos óleos. Este método de identificación negativa debe ser superado si el diaconado quiere convertirse en el grado "propio y permanente" descrito por el Concilio.

Lumen gentium 29 y su implementación representan un nuevo reto para la teología sacramental. Si bien el diaconado debe ejercerse en comunión con el presbiterado, este tiene una identidad única en sí mismo. Los intentos contemporáneos de la teología y del Derecho Canónico de describir la naturaleza y las funciones del diaconado deben examinarse críticamente para que el lenguaje aplicado legítimamente a los grados del sacerdocio y del episcopado, no se aplique de forma inapropiada el diaconado. Por tanto, dado que el diaconado es un ministerio ordenado de derecho propio, un lenguaje único para el orden y expresiones legales que fluyan de ese lenguaje, deben seguir desarrollándose. El difunto canonista James H. Provost, quien enseñó durante muchos años en la Catholic University of America en Washington, DC, hizo la siguiente observación sobre el diaconado como aparece en el Código de Derecho Canónico de 1983: "Aún no existe en el Código un tratamiento coherente de los diáconos permanentes como grado propio y permanente de la jerarquía comparable con el tratamiento dado a presbíteros y obispos; más bien, se les trata como excepciones a las normas para los presbíteros."[6] Se mostraba esperanzado en su ensayo de que futuras revisiones al Código de Derecho Canónico desarrollarían ese tratamiento legal, sistemático y coherente, del diaconado. Por supuesto, la ley sigue y aplica la teología. Una teología sistemática y coherente del diaconado será necesaria antes de que lleguemos a la visión del padre Provost.

Un problema a la hora de describir la identidad sacramental específica del diácono surge del hecho de que la teología del orden ha sido desarrollada generalmente según los grados del obispo y el presbítero, donde la ordenación confiere claramente ciertos poderes sacramentales. *Lumen gentium* 29 habla de que los diáconos son "confortados por la gracia sacramental," pero no explica qué podría significar eso. Yo creo que el trabajo de los teólogos ha comenzado a desarrollar una comprensión más coherente del diaconado y que los recientes documentos oficiales demuestran una apreciación creciente de que el diaconado debe ser tratado como una entidad de derecho propio. La siguiente cronología de documentos oficiales seleccionados desde 1976, aunque ciertamente no exhaustiva, ilustra bien este desarrollo. Abordaré varios de estos puntos con más detalle más adelante.

En 1976, a petición explícita del papa Pablo VI, la Congregación para la Doctrina de la Fe publicó "*Inter Insigniores*: declaración sobre la cuestión de la admisión de las mujeres al sacerdocio ministerial." Después de describir las enseñanzas de Juan XXIII y Pablo VI sobre el valor del papel creciente de la mujer en la Iglesia contemporánea, la Congregación declaró que la Iglesia no tenía autoridad para ordenar mujeres al sacerdocio ministerial." Sin embargo, más bien de forma intencional, el texto continúa diciendo que "La Iglesia no ha admitido nunca que las mujeres pudiesen recibir válidamente la ordenación sacerdotal o episcopal." A lo largo del resto del texto, la Congregación repetidamente menciona de forma específica el orden sacerdotal, o los órdenes sacerdotal y episcopal. En medio de tanta precisión y cuidado, llama mucho la atención que el orden diaconal nunca mencionado, ni una vez, en el documento, como si fuera parte de la cuestión que se está afrontando.

Otros documentos clave a lo largo de la cronología se muestran aquí brevemente:

1. En 1992, el cardenal Ratzinger asignó el tema del diaconado a la Comisión Teológica Internacional (CTI) como parte de su agenda de 1992 a 1997. Las deliberaciones comenzaron y fueron asignadas a una

subcomisión "para analizar algunas cuestiones eclesiológicas."[7]

2. En 1992, se publicó la primera edición del *Catecismo de la Iglesia Católica* (en francés) e incluía varios pasajes sobre el diaconado.
3. En 1994, *Ordinatio Sacerdotalis,* sobre la restricción de la ordenación presbiteral solo a varones, fue promulgada por Juan Pablo II.
4. En 1995, se publicó, del cardenal Ratzinger, Responsum ad dubium sobre *Ordinatio Sacerdotalis.*
5. En 1995, la Congregación del Clero y la Congregación para la Educación Católica publicaron dos documentos sobre el presbiterado (uno sobre la formación sacerdotal y otro sobre el ministerio y la vida sacerdotal); estos dos dicasterios anunciaron inmediatamente que dos documentos similares sobre el diaconado estaban en preparación.
6. En 1995, los cardenales de ambos dicasterios tuvieron un *plenarium* en Roma para revisar los borradores de los documentos sobre el diaconado. Según dicen, la cuestión de la posibilidad de ordenar mujeres diáconos fue presentada, pero no resuelta, presuntamente porque la CTI aún no había terminado su trabajo sobre el diaconado.
7. [En 1995, la Canon Law Society of America publicó un estudio sobre las implicaciones canónicas de la ordenación de mujeres al diaconado. Aunque el trabajo no venía de una entidad del Vaticano, razón por la que está entre corchetes, conviene tenerlo en cuenta. El estudio había estado en preparación desde 1992. Examinaremos sus hallazgos más adelante].
8. En 1997, el tema del diaconado fue reasignado a la CTI para su próximo encargo de cinco años, porque

la subcomisión anterior no había podido terminar un texto adecuado.

9. En 1997, el papa promulgó la *editio typica*, en latín, del *Catecismo de la Iglesia Católica*, que incluía más de cien cambios en relación con el texto original. Uno de estos cambios fue significativo en relación con el diaconado. Lo discutiremos más adelante.
10. En 1997, la ya mencionada y multidicasterial "Instrucción sobre algunas cuestiones acerca de la colaboración de los fieles laicos en el sagrado ministerio de los sacerdotes" fue promulgada.[8] Como veremos, el lenguaje utilizado en este documento demuestra que hay una falta de claridad teológica en muchos textos sobre el diaconado.
11. En 1998, la Congregación para el Clero y la Congregación para la Educación Católica promulgaron de forma conjunta las *Normas básicas de la formación de los diáconos permanentes y el Directorio para el ministerio y la vida de los diáconos permanentes*. En el documento no se hace ninguna mención sobre la posibilidad de ordenar mujeres, otra vez presumiblemente porque la CTI seguía trabajando en la cuestión y aún no había hecho sus recomendaciones.
12. En 2002, la CTI terminó su reporte y lo presentó al cardenal Ratzinger, quien autorizó su publicación.[9]
13. En 2009, el papa Benedicto XVI publicó *motu proprio* la carta apostólica *Omnium in mentem* "con la cual se modifican algunas normas del Código de Derecho Canónico." Una de estas modificaciones dio un paso más en la clarificación del estatuto canónico del diácono.

14. En 2010, la Congregación para la Doctrina de la Fe promulgó las "Normas sobre los *graviora delicta*" (*Normae de gravioribus delictis*); el "intento de ordenación" de las mujeres está incluido como "delito más grave."

Comenzamos ahora con el *Catecismo de la Iglesia Católica*. Las dos ediciones del *Catecismo* muestran un desarrollo interesante. En el texto original, que estaba en francés, se decía en general acerca de todos los ordenados (esto es, obispos, diáconos y presbíteros) que, de Cristo, "ellos reciben la misión y facultad ('poder sagrado') para actuar en la persona de Cristo Cabeza."[10] Pero en la subsiguiente *editio typica* se introduce una distinción como una revisión a este párrafo:

> De Él [Cristo], obispos y sacerdotes reciben la misión y facultad ("poder sagrado") para actuar en la persona de Cristo Cabeza, mientras los diáconos reciben la fuerza para servir al Pueblo de Dios a través del ministerio de culto, la palabra y la caridad en comunión con el obispo y su presbiterado.[11]

En esta segunda edición, el "sagrado poder" se comunica por el sacramento del orden solo a obispos y presbíteros, mientras que los diáconos reciben una "fuerza" no especificada para servir.

Los eventos que rodearon a la promulgación de *Ordinatio Sacerdotalis* son también ilustrativos. En 1994, el papa Juan Pablo II publicó su carta apostólica *Ordinatio Sacerdotalis* ("Sobre la ordenación sacerdotal reservada solo a los hombres"), dirigida a los obispos de la Iglesia Católica. El papa concluye su carta escribiendo:

> Si bien la doctrina sobre la ordenación sacerdotal, reservada sólo a los hombres, sea conservada por

> la Tradición constante y universal de la Iglesia, y sea enseñada firmemente por el Magisterio en los documentos más recientes, no obstante, en nuestro tiempo y en diversos lugares se la considera discutible, o incluso se atribuye un valor meramente disciplinar a la decisión de la Iglesia de no admitir a las mujeres a tal ordenación.
>
> Por tanto, con el fin de alejar toda duda sobre una cuestión de gran importancia, que atañe a la misma constitución divina de la Iglesia, en virtud de mi ministerio de confirmar en la fe a los hermanos (cf. Lc 22,32), declaro que la Iglesia no tiene en modo alguno la facultad de conferir la ordenación sacerdotal a las mujeres, y que este dictamen debe ser considerado como definitivo por todos los fieles de la Iglesia.[12]

Inmediatamente surgieron preguntas sobre el peso magisterial del documento, especialmente porque el término *definitivo* no era un término común en documentos papales; por ejemplo, entonces, ¿debería entenderse como equivalente a *infalible*? Al año siguiente, una pregunta formal (*dubium*) fue enviada al cardenal Ratzinger a la Congregación para la Doctrina de la Fe:

> Dubium: Si la doctrina que debe mantenerse de manera definitiva, según la cual la Iglesia no tiene facultad de conferir la ordenación sacerdotal a las mujeres propuesta en la Carta Apostólica *Ordinatio sacerdotalis*, se ha de entender como perteneciente al depósito de la fe.
>
> [Y en su respuesta afirmativa, el cardenal Ratzinger escribió:] Esta doctrina exige un asentimiento definitivo, puesto que, basada en la Palabra de Dios

> escrita y constantemente conservada y aplicada en la Tradición de la Iglesia desde el principio, ha sido propuesta infaliblemente por el Magisterio ordinario y universal (cf. *Lumen gentium*, 25, 2).[13]

En pocas palabras, de acuerdo con la respuesta, la postura tomada en *Ordinatio sacerdotalis* es enseñanza definitiva, no en virtud de un ejercicio de infalibilidad papal, sino porque todo el magisterio de la Iglesia así lo ha determinado. Teólogos y canonistas a lo largo del espectro teológico siguen explorando las ramificaciones de esta enseñanza y su recepción.

Sin embargo, si bien todo esto es interesante, debemos prestar atención a algo más relacionado con nuestro tema particular: *toda esta enseñanza tiene que ver con el sacerdocio, no con el diaconado*. El papa nunca se refirió explícitamente al diaconado ni usó términos más inclusivos como *clero* (que habría abarcado a obispos, presbíteros *y* diáconos). Por tanto, surge la pregunta específica: ¿la enseñanza de *Ordinatio sacerdotalis* —"sobre la ordenación sacerdotal reservada solo a los hombres"—se aplica al diaconado, así como al sacerdocio, en concreto, al presbiterado?

Parece claro que, por otras medidas tomadas por la Santa Sede, no. Como se anota en la cronología, entre 1992 y 2002, el cardenal Ratzinger confió el tema del diaconado a la Comisión Teológica Internacional como parte de su próxima agenda. Como se anota en la cronología, la primera comisión quinquenal no pudo terminar un texto adecuado al final del periodo. Obsérvese que este trabajo abarca los desarrollos del *Catecismo*, así como los temas que rodean a *Ordinatio sacerdotalis*. También señalaría el desarrollo de los dos grupos de documentos, uno sobre el presbiterado (1995) y otro sobre el diaconado (1998). Todavía otro grupo de documentos revela un tratamiento no tan bien definido sobre el clero en general. Si bien no sería correcto atribuir una relación intencional entre estos eventos, creo que el hecho ilustra algo importante.

En concreto, los eventos sugieren que la Santa Sede estaba procediendo en tres líneas paralelas en relación con los ministros ordenados. Hay un grupo de documentos dedicados específicamente al presbiterado, por ejemplo, *Ordinatio sacerdotalis*. Otro grupo de documentos se dedica específicamente al diaconado, por ejemplo, el *Directorio para el ministerio y la vida de los diáconos permanentes*. En estos dos grupos de documentos, el tratamiento de los presbíteros y el tratamiento de los diáconos son cuidadosa e intencionalmente distintos. Por último, hay un tercer grupo de documentos, como la "Instrucción" multidicasterial mencionada más arriba, en la que el lenguaje no está claramente definido, con términos como *ordenación* y *clero* (que se aplicarían a todos los obispos, presbíteros y diáconos) usados más bien de forma indiscriminada. La intención, quizás, fue hacer una declaración sobre el presbiterado; de cualquier forma, al utilizar términos más generales e inclusivos, parecería que la declaración fue hecha también sobre el diaconado. Esto se añade a la confusión del momento.

La instrucción interdicasterial sobre "algunas cuestiones relativas a la colaboración de los fieles laicos en el sagrado ministerio de los sacerdotes" es muy poco coherente en su tratamiento de los diáconos. En varios pasajes, los diáconos y sus funciones están claramente incluidas en la categoría de "sagrados ministerios"; en otros, los comentarios parecen restringirse a quienes están en el orden sacerdotal. Veamos solo un pasaje como ejemplo:

> Las características que diferencian el sacerdocio ministerial de los Obispos y de los presbíteros de aquel común de los fieles, y delinean en consecuencia los

confines de la colaboración de estos en el sagrado ministerio, se pueden sintetizar así:

a) el sacerdocio ministerial tiene su raíz en la sucesión apostólica y está dotado de una potestad sacra, la cual consiste en la facultad y responsabilidad de obrar en persona de Cristo Cabeza y Pastor;

b) esto es lo que hace de los sagrados ministros servidores de Cristo y de la Iglesia, por medio de la proclamación autorizada de la Palabra de Dios, de la celebración de los Sacramentos y de la guía pastoral de los fieles (...);

El ministerio ordenado, por tanto, es constituido sobre el fundamento de los Apóstoles para la edificación de la Iglesia: "está totalmente al servicio de la Iglesia misma." "A la naturaleza sacramental del ministerio eclesial está intrínsecamente ligado el carácter de servicio. Los ministros en efecto, en cuanto dependen totalmente de Cristo, quien les confiere la misión y autoridad, son verdaderamente 'esclavos de Cristo' (cfr. Rm 11), a imagen de Él que, libremente ha tomado por nosotros 'la forma de siervo' (Flp 2, 7). Como la palabra y la gracia de la cual son ministros no son de ellos, sino de Cristo que se las ha confiado para los otros, ellos se harán libremente esclavos de todos."[14]

Si bien este pasaje se refiere específicamente al sacerdocio ministerial de los obispos y sacerdotes, también parece aplicable a los diáconos. Se refiera a los sagrados ministros como a "siervos" de Dios y de la Iglesia, realizando las funciones de la Palabra, sacramentos y "dirección pastoral": funciones aplicables de distintas formas a los diáconos. En el párrafo final, el sagrado ministerio se describe mediante una referencia al himno kenótico de Filipenses 2:1–11.

Seguramente ninguna otra referencia podría ser más aplicable al ministerio de diáconos. Pablo, que escribe desde la prisión, exhorta a los Filipenses a colmar su alegría "teniendo un mismo sentir, un mismo amor, un mismo ánimo" (Flp 2:2). Les dice que "no hagan nada por ambición, ni por vanagloria, sino con humildad, considerando a los demás como superiores a uno mismo, sin buscar el propio interés sino el de los demás" (Flp 2:3–4). Es aquí que Pablo hace algo interesante: después de escribir que los filipenses deben tener la misma actitud de Cristo, inserta en su carta la letra de un himno cristiano primitivo el cual dice que Cristo, "siendo de condición divina , no codició el ser igual a Dios sino que se despojó de sí mismo tomando condición de esclavo" (Flp 2:5–11).

Volviendo ahora a la tercera categoría de documentos oficiales, en la cual el vocabulario sobre los diáconos es indistinto, encontramos el *Catecismo de la Iglesia Católica*. Al estudiar las ediciones sucesivas del *Catecismo*, sin embargo, podemos descubrir la influencia del trabajo que se estaba haciendo sobre el diaconado mientras el texto del *Catecismo* era revisado y desarrollado. De hecho, el desarrollo del *Catecismo* ahora ha sido aplicado a la ley canónica, como se puede ver en la carta apostólica de 2009 *Ominum in mentem*, que revisó la ley canónica para reflejar el mismo ajuste que había sido hecho ya en la *editio typica* del *Catecismo*.

En pocas palabras, el diaconado *no* es el presbiterado y partimos de la premisa de que el diaconado debe ser entendido y examinado de derecho propio y por sus propios méritos. Aquellos documentos que tratan al diaconado como algo distinto del presbiterado son mucho más precisos; aquellos documentos que tratan todas las órdenes sin distinción se vuelven mucho más problemáticos. Haciéndonos eco de

James Provost, declaramos que la reflexión teológica debe seguir contribuyendo al desarrollo de una terminología propia para el diaconado. Para los fines de este libro, por tanto, preguntas sobre si las mujeres pueden o deben ser ordenadas diáconos o no, deben ser abordadas separadas del sacerdocio ministerial.

Habiendo dicho esto, volvamos la mirada de nuevo al Concilio Vaticano II para analizar si podemos encontrar afirmaciones específicas en las esperanzas y visiones de los padres conciliares mientras decidían renovar el diaconado permanente.

El Vaticano II y su visión del diaconado: la gracia en acción

He escrito en otra parte y con mucha más extensión sobre el desarrollo de varias propuestas consideradas por el Concilio, así como sobre las discusiones y debates conciliares que condujeron a la decisión de renovar el diaconado.[15] Si bien no tenemos oportunidad aquí de revisar con detalle esta rica historia, vamos a esbozar sus lineamientos a grandes rasgos. Además, el espacio no nos permite un análisis de las decisiones conciliares en relación con el rol general de los laicos en el ministerio, incluyendo el ministerio oficial. Me centraré en la visión que tiene el Concilio del diaconado en sí mismo.

La percepción errónea y más común persiste de que, de alguna forma, el esfuerzo por renovar el diaconado fue impulsado por los obispos de las naciones en desarrollo. Sin embargo, hubo al menos cuatro influencias principales que condujeron a la consideración de la cuestión en el Concilio. En primer lugar, sobre todo en Alemania, en el siglo XIX e inicios del siglo XX, los católicos y ciertos funcionarios de la Iglesia comenzaron a discutir la necesidad de expandir el papel del diácono, sobre todo a la luz de los esfuerzos protestantes en la misma línea, para satisfacer las necesidades pastorales de las congregaciones y comunidades alemanas. Esto incluye el rápido desarrollo del movimiento de la Cáritas alemana, que se volvió tan importante que en 1897 se ordenó que Cáritas estuviera presente en todas las diócesis de Alemania. En segundo lugar, el impacto de la Segunda Guerra Mundial, en particular la experiencia de los sacerdotes alemanes y polacos encarcelados en el campo de concentración de Dachau, fue profundo. Los escritos de varios sacerdotes sobrevivientes después de la guerra dieron a las discusiones en curso sobre el diaconado permanente una nueva urgencia y utilidad.[16] Estas también atrajeron la atención de teólogos como Karl Rahner, quien comenzó una perdurable contribución al campo de la teología diaconal.[17] En tercer lugar, respondiendo a esta creciente cantidad de literatura, fue el crecimiento de la propuesta en los campos de las misiones y de la catequesis al final de la década de 1950; y, en cuarto lugar, fueron las enseñanzas del papa Pío XII sobre el sacramento del Orden en 1947 y otra vez en 1957. Todo esto sentó las bases para las 101 propuestas (con algunas propuestas representando a grupos completos de obispos) sobre la renovación del diaconado recibidas durante la fase antepreparatoria del Concilio. Lejos de ser una iniciativa solo de los obispos de los territorios de misión, la necesidad de un diaconado renovado provino con más fuerza de obispos de todo el mundo, sobre todo de Europa Occidental y Oriental. Por lo menos dos de estas propuestas querían específicamente un diaconado abierto a las mujeres.[18]

Dieciséis propuestas, que representaban la aportación de setenta y un obispos, ofrecieron alguna idea de las funciones que se podrían asignar a los nuevos diáconos permanentes, quienes—esperaban—estarían por llegar pronto.[19]

Además de las funciones sacramentales y litúrgicas, algunos detalles interesantes incluían el deseo de que los diáconos pudieran fungir como ministros de la extrema unción (el sacramento de los enfermos) y así "llevar consuelo a los fieles en situaciones extremas."[20] La administración de los bienes temporales de la Iglesia, asociada durante mucho tiempo al diaconado, era algo que destacaba en las listas de las funciones propuestas, pero las funciones más importantes en la lista eran la predicación de forma autorizada y la enseñanza.[21] El siguiente cuadro resume estas funciones:[22]

Propuestas antepreparatorias sobre las funciones de los diáconos		
PROPUESTA	**TEXTO**	**SEDES QUE APOYABAN**
1	Los diáconos deben tener cuarenta años de edad y su doctrina y moral deben ser investigadas.	2
2	Los diáconos deben tener cuarenta años y deben ser catequistas ejemplares.	1
3	Las tareas del diácono son: predicar, bautizar, distribuir la Sagrada Comunión, exponer el Santísimo Sacramento para la adoración, dar la bendición eucarística y llevar el viático a los enfermos.	3
4	A los diáconos se les puede confiar, sobre todo en zonas de misión donde hay escasez de sacerdotes, las siguientes tareas: administración solemne del Bautismo, presidir válidamente matrimonios, administrar la Sagrada Eucaristía, incluso como viático; proclamar la Palabra de Dios en la iglesia; y administrar los bienes de la Iglesia.	2

PROPUESTA	TEXTO	SEDES QUE APOYABAN
5	Los diáconos deben ser de edad madura; de evidente espíritu cristiano; con suficiente conocimiento del dogma, de la moral, de la Escritura y de la liturgia. Sus tareas pueden ser catequizar, ayudar al párroco en la Eucaristía y distribuir la Sagrada Comunión a los fieles, según el prudente juicio del párroco.	25
6	Los diáconos están vinculados por la ley de residencia, bajo la supervisión del párroco y su sostenimiento depende de los fieles o de la curia.	1
7	Los diáconos pueden presidir matrimonios.	5
8	A los diáconos se les puede conceder la facultad de impartir la bendición solemne con el Santísimo Sacramento.	3
9	La administración de los bienes temporales de la iglesia puede confiarla el párroco al diácono de forma que los párrocos se concentren en la atención espiritual.	1
10	Los diáconos se encargan de administrar los bienes.	1
11	De acuerdo con el canon 938, el diácono puede ser ministro extraordinario de la Unción de los Enfermos cuando no hay suficientes sacerdotes o hay una necesidad urgente.	1
12	Los diáconos pueden conferir la extremaunción en ausencia de sacerdotes.	1
13	Los diáconos pueden llevar alivio a los fieles en situaciones extremas.	21
14	Los diáconos pueden celebrar funerales.	2

PROPUESTA	TEXTO	SEDES QUE APOYABAN
15	El orden del diaconado se puede conferir a catequistas y colaboradores laicos.	1
16	Los diáconos pueden ser nombrados profesores de religión.	1

En las comisiones preconciliares, las discusiones sobre el diaconado subrayaron otros puntos. El diaconado era percibido como relacionado al presbiterado, pero distinto. Por esta razón, por ejemplo, se decía que los diáconos debían ser de una edad más madura (varias propuestas especificaban cuarenta años como edad mínima para la ordenación)[23] y que, dado que no eran sacerdotes, estos diáconos se podían casar. Aunque la pregunta de abrir el diaconado a los hombres casados fue discutida de forma acalorada durante el Concilio, la gran mayoría de obispos estaba a favor de la idea. Finalmente, la votación sobre el celibato fue 1598 a favor de los hombres casados y 629 en contra.[24]

Cuarenta y cinco obispos, hablando en nombre de 795 padres, se mostraron a favor del diaconado permanente; veinticinco oradores, representando solo ochenta y dos padres, hablaron en contra de esa idea. El debate tuvo lugar del 4 al 16 de octubre de 1963.[25]

El primer orador a favor del diaconado renovado fue el cardenal Julius Döpfner de la arquidiócesis de Múnich y Frisinga.[26] Este joven cardenal arzobispo, de solo cuarenta y nueve años cuando comenzó el Concilio en 1962, tenía amplia experiencia pastoral, comenzando en 1939 cuando fue ordenado sacerdote de la diócesis de Wurzburgo. A la edad de treinta y cinco años se convirtió en obispo de Wurzburgo. Después fue obispo de Berlín, antes de convertirse en el arzobispo de Múnich y Frisinga en 1961. Cuando habló en el Concilio, Döpfner pidió con fuerza que se aceptara la propuesta de renovar el diaconado. Apoyó que se incluyera al diaconado en un documento dogmático[27]porque las órdenes de la jerarquía de la Iglesia eran un tema dogmático, parte de la ley divina y, por tanto, una parte esencial de la naturaleza de la Iglesia. Señaló que el diaconado, desde Trento, había sido visto como parte del sacerdocio sacramental. Döpfner señaló el hecho de que muchas personas, muchas de ellas casadas, ya estaban sirviendo a la Iglesia desempeñando roles diaconales. En su intervención, preguntó: "¿Por qué debería negárseles a estas personas la gracia del sacramento?".[28] Afirmó el valor del celibato clerical, pero también declaró que el celibato no debería convertirse en un obstáculo para la evolución de formas benéficas de servir que pueden ser necesarias en nuestro tiempo.

Tras las intervenciones de varios más partidarios de un diaconado renovado, el cardenal Leo-Josef Suenens de Malinas-Bruselas presentó lo que es probablemente al argumento más fuerte y coherente en favor del diaconado presente en los documentos.[29] Suenens era otro joven líder, brillante y experimentado pastoralmente, y había sido ordenado sacerdote para la arquidiócesis de Malinas-Bruselas a la edad de veintitrés años. En 1940, después de ser vicerrector de la Universidad de Lovaina, se convirtió en rector interino cuando los nazis arrestaron al que estaba en funciones. Actuó con valor e integridad durante la guerra y finalmente los nazis lo incluyeron en una lista de ejecución. La liberación de Bélgica por parte de los Aliados en 1944 lo salvó. Después de la guerra, se convirtió en obispo y finalmente en cardenal poco antes de que comenzara el Concilio. Colaborador cercano y de confianza del papa Juan XXIII, Suenens ejerció una importante influencia en el Concilio y sus trabajos.

Antes de que comenzara el Concilio, Suenens ya había incluido un diaconado renovado como parte de sus propias esperanzas para el Concilio. En la fase antepreparatoria, Suenens expresó su apoyo en su *votum* antepreparatorio del 10 de noviembre de 1959.[30] Primero aludiendo a un discurso de Pío XII en 1957,[31] en el que el papa había observado que la cuestión sobre la restauración del diaconado aún no estaba madura, pero que merecía atención continua, Suenens escribió que el Concilio ofrecería una oportunidad más apropiada para reflexionar en esta pregunta y que un diaconado distinto y separado del sacerdocio, un estado al que hombres casados también pudieran ser admitidos, sería parte de un movimiento de renovación general en la Iglesia. También escribió que el diaconado era uno de los varios ministerios reconocidos sistemática y tradicionalmente en la vida de la Iglesia. Continuó señalando que la Iglesia tiene el mandato del Señor de proclamar el Evangelio a todos los pueblos y de bautizar a todas las naciones.

Esa tarea sería imposible sin la unión de todos los fieles, especialmente aquellos cuyas vidas estuvieran dedicadas a la misión de evangelización. Presentó al diácono como ministro de esta evangelización al que se le podría asignar servir de diferentes maneras, dependiendo de las necesidades pastorales de la zona en que se encontrara, incluyendo la proclamación de los Evangelios, la catequesis y otras áreas de la labor de redención. El Cardenal Suenens escribiría más tarde, "Sin duda, esta decisión [renovar el diaconado permanente] se hizo por razones pastorales, pero estas no eran solo por factores operativos. La restauración de un diaconado permanente encuentra su clarificación y justificación fundamentales en el carácter sacramental del mismo diaconado."[32] Durante el debate conciliar, sería el propio Suenens quien intentará articular este "carácter sacramental del diaconado."

Suenens comenzó por delinear los principios teológicos sobre los que se basa el diaconado. Citando la autoridad de la Escritura, de los padres apostólicos, de la tradición constante y de los libros litúrgicos de Oriente y Occidente, habló de los muchos carismas evidentes en toda la Iglesia, distintos del sacerdocio, el cual fue establecido para ofrecer ayuda directa al obispo en la atención a los pobres y el cuidado de la comunidad. Escribió que el hecho de que esas tareas se puedan confiar a los laicos no significa que el diaconado no sea necesario. Estas tareas solo deben confiarse a personas (ordenadas o no) que tengan las gracias necesarias. La Iglesia tiene derecho al beneficio de todas las gracias dadas a ella por Dios, incluyendo las gracias del diaconado.[33]

Suenens urgió a los padres del Concilio a no tomar una decisión universal a favor o en contra del diaconado. Más bien, deberían decidir si existe algún área o situación que podría beneficiarse de él y entonces expresar la decisión del Concilio de una forma en que se pueda aplicar en aquellas regiones donde los obispos locales lo consideren conveniente. En otras palabras, el Concilio no debe cerrar de forma general cualquier medio por el que la gracia de Dios pueda fluir a la Iglesia. Por tanto (citando del borrador de *Lumen gentium*), "donde las conferencias episcopales juzguen oportuno restaurar el diaconado permanente, deben ser libres para hacerlo."[34]

Los debates conciliares llevaron a un voto final que apoyó de forma abrumadora el diaconado renovado, abordado directamente en el número 29 de *Lumen gentium*. Sin embargo, la visión de los obispos en relación con un diaconado renovado es evidente también de otras formas. Si bien *LG* 29 es el principal texto conciliar sobre el diaconado, no es el único. La restauración de un diaconado permanente, obligatoria en la Iglesia Occidental, fue fuertemente alentado en las Iglesias Católicas Orientales.[35] Hay referencias al diaconado también en las constituciones *Sacrosanctum Concilium* (número 35) y *Dei Verbum* (número 25). Particularmente interesante es lo que dice el número 16 del decreto *Ad gentes divinitus* (sobre la "actividad misionera de la Iglesia"), el cual se hace eco de la enseñanza de Suenens sobre la gracia del sacramento:

> Restáurese el orden del Diaconado como estado permanente de vida según la norma de la Constitución "*De Ecclesia*," donde lo crean oportuno las Conferencias episcopales. Pues parece bien que aquellos hombres que desempeñan un ministerio verdaderamente diaconal, o que predican la palabra divina como catequistas, o que dirigen en nombre del párroco o del Obispo comunidades cristianas distantes, o que practican la caridad en obras sociales y caritativas sean fortalecidos y unidos más estrechamente al servicio del altar por la imposición de las manos, transmitida ya desde los Apóstoles, para que cumplan más eficazmente su ministerio por la gracia sacramental del diaconado.[36]

La enseñanza del Concilio sobre el diaconado se basó en la comprensión de la Iglesia de que la gracia es un don de Dios para todo el pueblo de Dios. Dentro de este contexto eclesial, se dice que los diáconos son "confortados con la gracia sacramental" (*LG* 29) y que "parece bien" fortalecer a las personas que ya desempeñan funciones diaconales con la gracia de la ordenación para unirlos "más estrechamente al servicio del altar" de forma que puedan desempeñar con mayor eficacia las funciones que ya están realizando (*AG* 16). Estas referencias resumen las intervenciones de Suenens y de otros padres conciliares durante los debates sobre el diaconado.

Los siguientes puntos pueden deducirse de esta rápida exposición del trabajo del Concilio:

1. El diaconado es distinto del presbiterado. Mientras había cierta discusión sobre si los diáconos podían ser útiles en áreas con pocos presbíteros, la razón, por mucho, de más peso para restaurar el diaconado permanente era que, tras los horrores de la guerra y la violencia, la Iglesia necesitaba una nueva forma de ministerio ordenado, uno con Cristo Siervo como modelo. Mientras el diaconado permaneciera como un orden de transición para aquellos que se preparan para el presbiterado, la nueva "norma" se convirtió y sigue siendo un diaconado ejercido como un estado de vida propio; el diaconado ya no encuentra su fin sacramental en el presbiterado. Este estado diaconal de vida también se expresaría en distintas formas a las del presbiterado. Las diferencias más obvias, por ejemplo, serían:
    a. los diáconos podrían ser casados;
    b. se espera que los diáconos vivan y ejerzan su ministerio "en el mundo";
    c. el diaconado es una respuesta flexible de la Iglesia hecha según el criterio de las conferencias episcopales locales.
2. La Iglesia se debería beneficiar de todas las gracias dadas por Dios y el diaconado ha sido un carisma de y para la Iglesia a lo largo de la historia del cristianismo.
3. Aquellos que ejercen el ministerio diaconal deberían recibir la gracia sacramental del sacramento.
4. El diaconado renovado no consiste simplemente en restaurar el diaconado antiguo. Es una nueva expresión de este ministerio en la Iglesia. Esto significa

que las referencias a la historia, si bien son útiles, no tienen un carácter restrictivo o limitante.

5. La renovación del diaconado permanente tuvo lugar, literal y teológicamente, dentro de la renovación del mismo episcopado. Dada la relación bíblica y patrística del diácono con el obispo, esto es particularmente apropiado. El diaconado necesita ser entendido dentro de este contexto. El diácono y el obispo tienen una relación única. Si bien a menudo se habla de la relación única entre los presbíteros y su obispo, una relación similar existe entre los diáconos y su obispo.
6. El grupo de "servidores" de la Iglesia, el diaconado, encuentra su lugar y su significado sacramental dentro del contexto más amplio de una Iglesia diaconal.

Este último punto es quizás el don más profundo del Concilio a la Iglesia. A lo largo de los años del Concilio, los obispos adquirieron un nuevo sentido de su propia misión y de la naturaleza misma de la Iglesia en el mundo moderno. Cuando el papa Pablo VI concluyó el Concilio, les recordó a los obispos que "la enseñanza del Concilio se canaliza en una dirección: el servicio de la humanidad, de todas las condiciones, en todas sus debilidades y necesidades. La Iglesia se ha declarado a sí misma sierva de la humanidad (...) La idea del servicio ha sido central."[37]

Pablo VI se refirió al diaconado como "la fuerza motriz" para la propia *diaconía* de la Iglesia y los papas sucesivos se han hecho eco del mismo pensamiento: Juan Pablo II enseñó que "el servicio del diácono es el servicio de la Iglesia hecho sacramento (...) [los diáconos] deben ser imagen de Cristo siervo de la Iglesia";[38] Benedicto XVI desarrolló este pensamiento aún más. En *Deus caritas est*, escribió:

> Un paso decisivo en la difícil búsqueda de soluciones para realizar este principio eclesial fundamental se puede ver en la elección de los siete varones, que fue el principio del ministerio diaconal (cf. Hch 6, 5-6)...el servicio social que desempeñaban era absolutamente concreto, pero sin duda también espiritual al mismo tiempo; por tanto, era un verdadero oficio espiritual el suyo, que realizaba un cometido esencial de la Iglesia, precisamente el del amor bien ordenado al prójimo. Con la formación de este grupo de los Siete, la *"diaconía"*—el servicio del amor al prójimo ejercido comunitariamente y de modo orgánico—quedaba ya instaurada en la estructura fundamental de la Iglesia misma.[39]

De la misma forma que todos somos parte de un "sacerdocio real" (1 Pe 2:9), así también todos somos parte de una Iglesia que sirve. Nuestros sacerdotes ordenados (obisipos y presbíteros) y diáconos ordenados sirven como la "fuerza motriz" y signos sacramentales para la identidad en la que todos participan a través de la iniciación.

Mujeres diáconos en la Iglesia contemporánea

Así llegamos a la cuestión central de este ensayo. ¿Serán nuevamente las mujeres ordenadas diáconos en la Iglesia Católica?

Se ha mencionado varias veces los diez años de trabajo que dos quinquenios sucesivos de la Comisión Teológica Internacional han dedicado al tema del diaconado. El texto publicado por la Comisión en 2002 es de particular interés. "Desde el punto de vista de su significado teológico y papel eclesial, el ministerio del diaconado representa un reto al conocimiento y práctica de la Iglesia, particularmente a través de las preguntas que sigue suscitando hoy en día."[40] La Comisión señala que hay un sacramento del Orden; por el contrario, reconoce la diferencia dentro de este sacramento entre el orden sacerdotal del obispo y del presbítero, por un lado, y el orden diaconal por otro. La distinción se hace dentro del texto de la CTI, así como en el *Catecismo de la Iglesia Católica* y, más recientemente, en el Código de Derecho Canónico. Y aquí está el reto: si nos concentramos en la unicidad de los órdenes, entonces se puede argumentar que el impedimento para ordenar a una persona a un orden determinado haría imposible su ordenación para cualquier otro. Si el enfoque se hace en la diversidad dentro de los órdenes, se puede argumentar que corremos el riesgo de perder la unidad del sacramento como participación del único sacerdocio de Cristo.

Dados los desarrollos descritos en la primera parte de este ensaño, sostengo que, desde principios de la década de 1990, ha habido una creciente sofisticación al articular las diferencias más profundas presentes en el único sacramento del Orden. Los cambios hechos en el *Catecismo* y, más recientemente, las precisiones hechas en la ley canónica, sugieren un intento por equilibrar esta diversidad en la unidad. Como hemos señalado repetidamente, los diáconos no son sacerdotes. Con dos modalidades identificadas de participación en el único sacramento, cada modalidad debe ser evaluada por derecho propio.

Creo que esta actitud de prestar atención a dicha modalidad dual está presente no solo en los documentos papales y de la curia, sino también en el enfoque del Concilio Vaticano II en relación con el diaconado. A pesar de que el diaconado permanente fue solo un sueño en el Concilio, los padres parecieron darse cuenta de que este ministerio renovado iba a necesitar ser desarrollado en formas nuevas y diversas si el diaconado quería expresar todo su potencial. Esto los condujo, por ejemplo, a abrir el diaconado a hombres tanto a hombres casados como célibes, mientras se mantenía el requisito general del celibato para el presbiterado latino. Si bien los diáconos participarían del *munus* tripartito—*docendi, sanctificandi* y *regendi*—de todos los ordenados, la forma específica en que se iba a concretar esa participación sería distinta a la del sacerdocio y los padres del Concilio lo sabían. De hecho, fue precisamente el ampliar la acción de la Iglesia en zonas no atendidas adecuadamente lo que llevó en primer lugar a ver la necesidad de un diaconado permanente. El papa Juan Pablo II cierta vez recordaba que "influyó notablemente la necesidad de una presencia mayor y más directa de ministros de la Iglesia en los diversos ambientes: familia, trabajo, escuela, etc., además de en las estructuras pastorales constituidas."[41]

Inmediatamente después de describir la unicidad y diversidad de los órdenes, la Comisión Teológica Internacional concluyó su texto abordando nuestra pregunta: "corresponderá al ministerio de discernimiento que el Señor ha establecido en su Iglesia pronunciarse con autoridad sobre la cuestión."[42] En otras palabras, la Comisión optó por no responder a la pregunta. Aunque hay una tendencia en el texto a subrayar la unicidad de los órdenes, los miembros de la Comisión se negaron a descartar la posibilidad de que las mujeres sean ordenadas diáconos; por ejemplo, no relacionan el diaconado con la enseñanza de *Ordinatio sacerdotalis*. En cambio, la CTI le señala a la Iglesia el camino a seguir para emitir una decisión autoritativa separada sobre el diaconado, lo cual implica que la decisión podría ser distinta de las decisiones tomadas en relación con el presbiterado.

En 1995, la Canon Law Society of America publicó un estudio titulado "Las implicaciones canónicas de ordenar mujeres al diaconado permanente."[43] El estudio pregunta:

> Hoy, ¿es la ordenación diaconal de mujeres necesaria o al menos útil para promover la misión de evangelización y el cuidado pastoral que Cristo le confió a la Iglesia realizar en el mundo, particularmente en Estados Unidos? ¿La amplitud y diversidad de la comunión de la Iglesia conlleva la posibilidad de la ordenación de mujeres al diaconado permanente en al menos algunas áreas concretas de la comunión, tanto como la ordenación de varones al diaconado permanente se ha convertido en una opción en algunas áreas concretas de la Iglesia sin que sea necesariamente adoptada en toda la Iglesia?[44]

El estudio concluyó que "la suprema autoridad de la Iglesia es competente para decidir la ordenación de mujeres al diaconado permanente."[45] A nivel práctico:

> La cantidad de ajustes que se requeriría para abrir el diaconado permanente a las mujeres está dentro de la autoridad de la Iglesia y es relativamente pequeña. El efecto práctico, sin embargo, sería abrir el ministerio ordenado de los diáconos permanentes a mujeres, permitiéndoles recibir los siete sacramentos y haciéndolas capaces de asumir cargos que conllevan el ejercicio del orden diaconal y de la jurisdicción eclesiástica, que ahora están cerrados a mujeres porque están cerrados a los laicos.[46]

En el contexto del material examinado en este ensayo, estas observaciones parecen particularmente adecuadas. Así como los padres conciliares en el Concilio Vaticano II, bajo el liderazgo de obispos como Suenens y Döpfner, interpelaron la imaginación de sus hermanos ante la posibilidad de un diaconado ampliado y renovado, basado en las necesidades de la Iglesia y en los dones múltiples del Espíritu Santo, así también la ordenación de mujeres diáconos daría continuidad a este proceso. En toda la literatura oficial sobre el tema, no hay ninguna afirmación de peso que impida esta posibilidad.

Conclusiones

El sacramento del Orden se ha caracterizado siempre por su gran diversidad y flexibilidad sacramentales. Para entender lo que quiero decir con "diversidad sacramental" considérese lo siguiente: a lo largo del periodo del *cursus honorum* que existía hasta 1972, el sistema latino de las órdenes contenía un rito litúrgico que no era en sí mismo una ordenación (primera tonsura), ordenaciones que no eran sacramentales (las cuatro órdenes menores y el orden mayor del subdiaconado), un orden mayor que era sacramental, pero no sacerdotal (el diaconado) y un tercer orden mayor que era sacramental y sacerdotal (el presbiterado). Por tanto, la noción de diversidad de expresión dentro del único sacramento del Orden no es una idea nueva o radical. En el sistema antiguo del *cursus honorum*, por supuesto, la poca "teología del diaconado" que existía simplemente hablaba del diaconado como una participación limitada del sacerdocio y se esperaba que el diácono, sacramental y canónicamente, pasara finalmente al sacerdocio.

Con el cambio de paradigma forjado por el Concilio Vaticano II y la reintroducción de un diaconado permanente, esta teología tuvo necesidad de cambiar. Al no ser ya entendido como una participación disminuida del sacerdocio, el diaconado emerge como un orden "propio y estable." Otra vez, existe una apropiada diversidad sacramental dentro del sacramento del Orden. Ya no es la lente del sacerdocio ministerial la única forma de entender la naturaleza del ministerio ordenado. Lo que aprendemos de la historia reciente es que cada orden, aunque ciertamente relacionado y fundamentado en Cristo, tiene su propia identidad sacramental. Hay un solo sacramento con dos modos distintos de participación en ese mismo sacramento. Un modo es el del sacerdocio ministerial, esto es, el orden de los obispos y el orden de los presbíteros; la segunda modalidad es la del orden de los diáconos. Dentro de la modalidad del diaconado, la posibilidad de que las mujeres puedan y deban ser ordenadas diáconos en la Iglesia contemporánea es teológica y canónicamente justificable.

Así como el viejo sistema salió al paso de las cambiantes necesidades de la Iglesia, el sistema actual va a necesitar ser igualmente flexible, mientras seguimos "leyendo los signos de los tiempos a la luz del Evangelio." Así como el Concilio Vaticano II pudo comenzar el proceso de hacer ciertas características del diaconado distintas del sacerdocio (por ejemplo, la posibilidad de ordenar a hombres casados), parece claro que la Iglesia puede hacer lo mismo ahora al ordenar a mujeres diáconos.

Los diáconos, de acuerdo con la enseñanza papal, deben animar y nutrir con los sacramentos el propio servicio de la Iglesia; las mujeres siempre han tenido una importancia crítica como ministros de la *diakonía*, y el ministerio y fecundidad del diácono se verá enriquecido más allá de toda medida con la ordenación de mujeres en el orden del diaconado. Dos voces del Concilio Vaticano II siguen inspirándonos e interpelándonos. El cardenal Suenens, como hemos visto, en repetidas ocasiones hizo hincapié en que la Iglesia tiene derecho a todas las gracias que el Espíritu Santo concede y una de esas gracias es el diaconado: ¿por qué se le debería negar a la

Iglesia el don de mujeres, así como hombres sirviéndola como diáconos?

Como vimos, el cardenal Döpfner reconoció que muchas personas, incluso algunas no aptas para la ordenación, están ya sirviendo a la Iglesia desempeñando tareas diaconales. En su intervención preguntó: "¿Por qué debería negárseles a estas personas la gracia del sacramento?".[47] Ahora aplicamos esta pregunta a las innumerables mujeres que sirven generosamente en tareas de humilde servicio a lo largo y ancho del mundo. La pregunta del cardenal Döpfner resuena a través de los años: "¿por qué debería negárseles a estas personas la gracia del sacramento?"

MUJERES DIÁCONOS: FUTURO

Phyllis Zagano

¿Qué se puede decir del futuro de las mujeres diáconos en la Iglesia Católica?

La exposición del profesor Macy sobre la historia de las mujeres ordenadas diáconos explica en detalle la forma en que las mujeres diáconos fueron eliminadas de ser contempladas bajo cualquier aspecto para el sacramento del Orden. A pesar de su larga historia de servicio, la consiguiente marginación de las mujeres en relación con el ministerio, la adopción de antiguos tabúes en relación con el cuerpo de la mujer y la teología de la ordenación emergente se unieron para afirmar que, incluso si las mujeres debían ser ordenadas, nada pasaría: la ordenación no "pegaría." Sin embargo, esta perspectiva apareció y fue codificada solo en la Edad Media, después de que el diaconado como orden separado y distinto hubiera desaparecido en general. Así, cuando Graciano de Bolonia está hablando en contra de las mujeres diáconos, está hablando principalmente contra las mujeres diáconos que serían consideradas en camino hacia el sacerdocio. El sacerdocio era el problema, no el diaconado.

El profesor Ditewig, por su parte, presenta la comprensión moderna del diaconado. Al trazar la historia contemporánea de la restauración del diaconado, hace hincapié en el hecho de que la clara distinción entre el sacerdocio y el diaconado no afecta a la unicidad de las órdenes; más bien, subraya la unicidad y da paso a una comprensión renovada de las posibilidades para incluir a las mujeres en el orden del diaconado.

¿El pasado y el presente predicen un futuro para las mujeres diáconos en la Iglesia Católica? La historia, si bien no es normativa bajo ningún aspecto, ciertamente es informativa. Las actuales peticiones de restaurar el diaconado de las mujeres en la Iglesia Católica, tanto por parte de la jerarquía como del pueblo de Dios, ponen en evidencia el profundo interés y necesidad de que la Iglesia restaure su tradición. Sin embargo, para que la tradición de las mujeres diáconos se realice de forma genuina debe ser esta un ministerio ordenado.

¿Qué diferencia aportaría la ordenación?

Dentro de la actual discusión sobre la restauración de las mujeres al diaconado ordenado surge el comentario de que no hay nada que un diácono ordenado pueda hacer que una mujer tampoco pueda, sobreentendiendo—parecería— que la ordenación es una adición inútil al servicio diaconal. Este comentario fue dicho públicamente por el cardenal Walter Kasper, expresidente del Pontificio Consejo para la Promoción de la Unidad de los cristianos y, no por coincidencia, cardenal diácono de la iglesia romana de Ognissanti ("Todos los Santos") en Vía Appia Nuova.

En 2005, Kasper le dijo a un reportero en Nueva York que las mujeres ya están haciendo lo que podrían hacer si fueran ordenadas diáconos.[1] Dijo esto a pesar de haber escrito un texto afirmando el valor del diaconado restaurado, presentado en 1997, en el congreso de estudio del Centro Internacional del Diaconado en Bresanona, Italia. Allí Kasper defendió el diaconado ordenado, señalando desde el principio que "el simple hecho de decir que el diaconado sigue siendo un ministerio fundamental y necesario para la Iglesia puede llevar a algunos debates acalorados. Desde hace mucho tiempo, el diaconado no ha estado siempre firmemente establecido en todas las iglesias locales."[2]

Kasper refleja una postura interesante: el diaconado es importante y las mujeres son bienvenidas a realizar sus tareas, pero las mujeres no pueden participar de la gracia que proporciona el carisma del Orden. Los padres del Concilio Vaticano II aparentemente están de acuerdo en que el diaconado es importante, como lo prueba el registro de sus intervenciones y decisiones. Además, la incontestable evidencia histórica señala que muchos obispos (y papas) a lo largo de la histórica admitieron a mujeres al orden del diaconado, mujeres que trabajaron en los ministerios tradicionalmente conocidos de servicio social del diaconado, así como mujeres que desempeñaban ministerios litúrgicos.

Por tanto, si las mujeres alguna vez fueron diáconos y el diaconado es necesario para la Iglesia contemporánea (tanto que ha sido reestablecido y revitalizado como un orden permanente de ministerio), ¿qué les impide a las mujeres volver a ser parte de él?

Declaraciones de Roma

El cardenal Kasper admitió en 2005 que la cuestión de ordenar mujeres diáconos "no está resuelta."[3] De hecho, no lo está. Si bien la ley prohíbe la ordenación de mujeres diáconos, no se ha definido ninguna doctrina contemporánea sobre el tema.

En 2001, tres congregaciones de la curia—la Congregación para la Doctrina de la Fe, la Congregación del Culto Divino y la Disciplina de los Sacramentos y la Congregación para el Clero—emitieron una "notificación" sobre la ordenación diaconal de mujeres que parece haber estado dirigida a los obispos de Alemania, quienes aparentemente querían preparar mujeres para el ministerio diaconal ordenado. La notificación afirmaba que "no es legítimo poner en marcha iniciativas, de alguna forma, dirigidas a preparar [mujeres] para la ordenación diaconal."[4] En esencia, la notificación de cuatro párrafos decía que no se debía preparar a las mujeres para el diaconado porque la legislación de la Iglesia no permite su ordenación. Una notificación es un documento de bajo nivel que reafirma una disposición, pero que no hace ningún comentario o toma medidas relacionadas con la doctrina.

El comunicado oficial contemporáneo de más alto nivel abordando cuestiones teológicas sobre las mujeres diáconos es el reporte de 2002 de la Comisión Teológica Internacional (CTI) titulado *Le Diaconat: Évolution et perspectives* publicado oficialmente solo en francés. Si bien la CTI cuestiona el registro histórico, expresamente deja abierta la posibilidad de mujeres diáconos, determinando que la cuestión de ordenar mujeres diáconos "corresponde al Magisterio." Es decir, el documento declaró oficialmente lo que el cardenal Kasper diría más tarde: el asunto no está resuelto.

En gran parte, el documento de la CTI no aborda la necesidad de la Iglesia de un ministerio diaconal de mujeres, sino que más bien mira a la historia para ofrecer argumentos a su deseo de negar cualquier evidencia de la ordenación sacramental de mujeres diáconos. Es decir, el documento de la CTI aborda la historia, pero no interpreta la evidencia histórica de las mujeres diáconos de la forma más positiva. La Comisión escribió:

> En lo que respecta a la ordenación de mujeres para el diaconado, conviene notar que emergen dos indicaciones importantes de lo que ha sido

> expuesto hasta aquí: 1) las diaconisas de las que se hace mención en la Tradición de la Iglesia antigua—según lo que sugieren el rito de institución y las funciones ejercidas—no son pura y simplemente asimilables a los diáconos; 2) la unidad del sacramento del Orden, en la distinción clara entre los ministerios del obispo y de los presbíteros, por una parte, y el ministerio diaconal, por otra, está fuertemente subrayada por la Tradición eclesial, sobre todo en la doctrina del concilio Vaticano II y en la enseñanza posconciliar del Magisterio. A la luz de estos elementos puestos en evidencia por la investigación histórico-teológica presente, corresponderá al ministerio de discernimiento que el Señor ha establecido en su Iglesia pronunciarse con autoridad sobre la cuestión.[5]

Por tanto, la Comisión Teológica Internacional de la Congregación para la Doctrina de la Fe, bajo la presidencia del cardenal Joseph Ratzinger, concluyó en 2002 que (1) la historia de las diaconisas no es un argumento histórico para las mujeres diáconos y (2) el sacramento del Orden claramente distingue entre los ministerios del obispo y el sacerdote, y los del diácono.

Como ha demostrado el profesor Macy, hay una sustancial evidencia histórica sobre las mujeres diáconos, las ceremonias unidas a su creación y sus roles y funciones.

Como ha demostrado el profesor Ditewig, el desarrollo de la teología del diaconado distingue al obispo y al sacerdote del diácono en formas que aparentemente permiten volver a la temprana tradición de las mujeres diáconos.

De hecho, la verdadera conclusión de la Comisión es que "corresponde al ministerio del discernimiento, que el

Señor ha establecido en su Iglesia, pronunciarse autoritativamente" y tomar una decisión sobre las mujeres diáconos. Cuánto tiempo le llevará tomar esa decisión no está claro. Desde la perspectiva histórica, tanto el magisterio ordinario (por ejemplo, el papa Benedicto VIII en su carta al obispo de Porto)[6] y el magisterio extraordinario (los Concilios de Nicea y Calcedonia) han tomado ya decisiones positivas sobre la ordenación de mujeres al diaconado.[7]

Pero ¿cómo se aplica al presente una combinación de la historia del magisterio ordinario y extraordinario? Algunos sostienen que el obispo diocesano ya tiene la autoridad jurídica y el poder sacramental para ordenar mujeres diáconos que trabajen en su diócesis y que la decisión debe ser responsabilidad suya en coordinación con su respectiva conferencia episcopal. La mayoría toma la postura de que, a pesar de las cartas papales y declaraciones conciliares, los obispos diocesanos no tienen esa autoridad jurídica ni el poder sacramental (incluso antes de las normas más recientes de la Congregación para la Doctrina de la Fe en relación con cualquier ordenación de mujeres, sacerdotal o diaconal).[8] Incluso si en algún momento futuros obispos pudieran, de acuerdo con Roma, ordenar mujeres diáconos, la libertad para aceptar o rechazar admitir mujeres al diaconado, dependería en última instancia del obispo diocesano. Es decir, si uno determinara que necesita mujeres diáconos, podría ordenarlas en su diócesis. Del mismo modo, si un obispo determinara que no necesita mujeres diáconos, podría negarse a tenerlas en su diócesis.[9]

La cuestión de una decisión magisterial es crucial. En estos momentos, no hay doctrina de la Iglesia contraria a la ordenación de mujeres diáconos. Hay, sin embargo, lineamientos ampliados del canon 1024 estableciendo que solo los varones son válidamente ordenados, así como objeciones administrativas de instancias de la curia. En teoría, al menos, un obispo podría pedir una derogación de la ley. Pero ¿qué obispo solicitaría formalmente una derogación sin toda la Iglesia respaldando su necesidad y estando de acuerdo en la restauración de una práctica más antigua?

La Comisión Teológica Internacional mira al "ministerio del discernimiento" de la Iglesia para responder a la pregunta. ¿Qué impide el discernimiento contemporáneo necesario para que la Iglesia vuelva a su tradición más antigua? Varios obispos latinos han abordado la pregunta con el papa en las visitas *ad limina* y muchos han hecho llamados públicos en favor de las mujeres diáconos. Como señaló el profesor Ditewig, durante el Concilio Vaticano II, tanto el obispo peruano León Bonaventura de Uriarte Bengoa, OFM (1891–1970), y el obispo Giuseppe Ruotolo (1898–1970) de Ugento, Italia, sugirieron que las mujeres fueran incluidas en el orden restaurado del diaconado.[10] Más recientemente, varios otros, entre ellos los fallecidos cardenales Basil Hume[11]y Carlo María Martini, se mostraron a favor de las mujeres diáconos.[12] Otros obispos han pedido mujeres diáconos en sus visitas *ad limina*.[13] Dado que otras Iglesias Cristianas a las que la Santa Sede les reconoce tener sacramentos y órdenes válidos han decidido ya ordenar mujeres diáconos (por ejemplo, la Iglesia Ortodoxa de Grecia y la Iglesia Apostólica Armenia),[14] podemos preguntarnos si su práctica podría influir en el Magisterio. Por ejemplo, Bartolomé, patriarca ecuménico de Constantinopla, ha afirmado la posibilidad de volver a esta "antigua tradición de la Iglesia."[15]

Objeciones a la ordenación de mujeres

Es importante recordar que las objeciones presentadas a las mujeres sacerdotes no se aplican a las mujeres diáconos:

los siete considerados generalmente los primeros diáconos fueron presentados por la Iglesia y aceptados por los Apóstoles (Hechos 6:1–6). Servían no al sacerdocio, sino al ministerio.[16] De hecho, la única persona en la Escritura que posee el título de "diácono" como tal es Febe, diácono (no diaconisa) de la iglesia de Cencreas (Rm 16:1).

En 2009, la distinción entre sacerdote y diácono fue nuevamente afirmada. Siguiendo el *Catecismo de la Iglesia Católica* de 1997, el *motu proprio* del papa Benedicto XVI *Omium in mentem* clarificó el Derecho Canónico sobre esta distinción: los sacerdotes son ordenados para actuar en la persona de Cristo, cabeza de la Iglesia; los diáconos son ordenados para servir al pueblo de Dios en y a través del mundo, la liturgia y caridad. Además, Benedicto XVI ha hablado varias veces abiertamente a favor de incluir a las mujeres en el ministerio y gobierno formal. Si nos atenemos a la terminología más formal, ordenar mujeres diáconos es la manera en que ellas pueden ser incluidas. Es decir, "gobierno" y "ministerio" en la Iglesia jerárquica pueden ser solo ejercidas por los ministros ordenados. Si el papa pretende que se incluya a las mujeres—formalmente—en el gobierno y ministerio, puede hacerlo volviendo a la tradición de las mujeres diáconos.[17]

El problema para la mayoría de quienes se oponen, incluyendo a Kasper, no es la cuestión de los diáconos. Incluso es posible que no sea siquiera la cuestión de las mujeres diáconos. Más bien, es la pregunta de las mujeres diáconos *ordenadas.*

Las mujeres ordenadas plantean dos problemas distintos. En primer lugar, parecería que, si puedes ordenar a una mujer diácono, puedes ordenarla sacerdote u obispo. Incluso si se supera esa objeción, hay un segundo problema: dado que la forma ordinaria de entrar al estado clerical es la ordenación al diaconado, ordenar mujeres diáconos crearía todo un grupo de mujeres clérigos. Así, de inmediato, el problema tiene dos vertientes: (1) las mujeres diáconos ordenadas son un antecedente para mujeres sacerdotes; (2) las mujeres ordenadas son clérigos.

Si bien lo primero—las mujeres diáconos sientan un precedente para las mujeres sacerdotes—es un temor mencionado a menudo, es de hecho una cortina de humo, probablemente invocada para evitar que se profundice en lo segundo. Es decir, o la Iglesia enseña y acepta que no se puede ordenar a las mujeres sacerdotes y obispos, o no lo hace. Si no está de acuerdo con su propia enseñanza, una enseñanza que muchos sostienen que es casi parte del Magisterio infalible (recordemos el *Responsum ad dubium* del cardenal Ratzinger), entonces las mujeres ordenadas al diaconado podrían en principio "avanzar" al sacerdocio y al episcopado.[18] Pero la Iglesia enseña que las mujeres no pueden ser ordenadas sacerdotes u obispos; también enseña que el diaconado es un orden distinto. Por ello, si una mujer no puede ser ordenada sacerdote u obispo, entonces una mujer ordenada al diaconado "permanente" sería solo eso: una diácono permanente.

Hay otros obstáculos para las mujeres antes de la ordenación diaconal. Un candidato primero debe haber sido incorporada formalmente, tanto al lectorado como al acolitado, lo cual es en estos momentos imposible, aunque el Sínodo de Obispos sobre la Palabra de Dios de 2008 recomendó abrir el ministerio formal del lectorado a las mujeres.[19] Una vez ordenado, un diácono entra al estado clerical y está incardinado a una diócesis. Una mujer ordenada que es miembro de una orden o instituto religioso cambiaría irrevocablemente la naturaleza de esa orden o instituto a uno mixto, esto es, clerical y laical, una virtualidad que se analizará con mayor detalle más adelante.

A la luz de todo esto, la pregunta no debería ser si las mujeres diáconos sientan un precedente para las mujeres sacerdotes. Si la Iglesia cree en sus propias enseñanzas, eso no es posible. Más bien, la pregunta parece ser si se debe admitir a las mujeres al estado clerical.

¿Qué significa la ordenación?

Por tanto, surgen las preguntas: ¿qué significa la ordenación? y ¿qué diferencia habría si una mujer es o no ordenada? La respuesta inicial es quizás obvia: a través de las sagradas órdenes, el recién ordenado recibe la gracia y el carisma del sacramento.

La distinción entre ordenado y no ordenado es sobre lo que la Iglesia ha basado toda una teología del sacramento del Orden. La enseñanza católica es que existe una diferencia ontológica entre los ordenados y los no ordenados. Quienes se oponen a la posibilidad de ordenar mujeres diáconos, ¿están sugiriendo que la distinción ontológica entre ordenados y no ordenados no existe? La enseñanza católica es que los ordenados tienen distintos roles que los no ordenados. Quienes se oponen a la posibilidad de ordenar mujeres diáconos, ¿sugieren que los roles de ordenados y no ordenados son intercambiables? La enseñanza católica ha confirmado el hecho y el lugar del diaconado dentro de la jerarquía. Quienes se oponen a la posibilidad de ordenar mujeres diáconos, ¿sugieren que el diaconado es un rango ordenado de la jerarquía innecesario? Claramente, la respuesta a esta y a cualquier otra pregunta relacionada con la comprensión católica del sacramento del Orden y el ministerio del diaconado es no; pero, con la misma claridad, los oponentes se pierden en distinciones cuando se habla de la posibilidad de mujeres ordenadas como la conclusión natural y lógica a la que conduce la trayectoria de la historia y ministerio de las mujeres.

Nuevamente: ¿cuál es la diferencia entre que la mujer esté ordenada o no? Una respuesta—la respuesta teológica—es clara. El sacramento del Orden imprime una distinción ontológica indeleble en la persona ordenada. La cuestión sobre una mujer ordenada no es sobre lo que puede hacer, sino, más bien, sobre lo que ella es. Este punto será analizado más adelante después de considerar las consecuencias prácticas de ordenar a mujeres diáconos porque, como debemos recordar, una mujer ordenada es un clérigo.

Consideraciones prácticas ofrecen una respuesta a la negación del cardenal Kasper a la necesidad de ordenar mujeres diáconos porque las mujeres ya desempeñan muchos roles diaconales. ¿Qué puede hacer una mujer ordenada que no puede hacer una mujer no ordenada? Quizás así esté mejor planteada la pregunta: ¿qué puede hacer un clérigo que no puede hacer un no clérigo? La Iglesia ha determinado que la ordenación diaconal es la forma ordinaria para entrar en el estado clerical y el estado clerical es el estado necesario para obtener (ser nombrado) un cargo en la Iglesia. Es decir, hay ciertas cosas que las mujeres pueden hacer que parecen diaconales en su naturaleza más íntima. Pero en ningún caso puede una mujer no ordenada—u hombre—obtener formalmente cargos para los que el estado clerical es requerido ni puede ella desempeñar ciertas funciones de otros cargos para los cuales ella podría ser nombrada que requieren el estado clerical.

Ministerio diaconal

Las funciones de los cargos que requieren el estado clerical a menudo llegan al corazón del ministerio del diácono, el cual—ordenado para la Palabra, la liturgia y la caridad—se entiende más claramente en un entorno parroquial. El diácono de parroquia bien puede manejar todo los relacionado con la caridad y la economía de la parroquia. El diácono de parroquia también podría encargarse de las clases para los catecúmenos y para las parejas que se van a casar. Pero el ministerio sacramental también es parte del cargo de un diácono de parroquia. Por ejemplo, el ministro ordinario del Bautismo y del Matrimonio es el párroco de la iglesia en la que el evento tiene lugar. El párroco puede delegarlos en otro clérigo—ya sea alguien de su equipo parroquial o un visitante acreditado—para realizar la ceremonia en su nombre y el nombre de ese clérigo se registra en la parroquia como alguien que actúa oficialmente en nombre del párroco. El proceso es más sencillo si el clérigo que no es el párroco está asignado a la parroquia. Se hace una anotación particular si el clérigo es un visitante que no pertenece al equipo parroquial. Claramente, los diáconos pueden ser asignados a parroquias y ellos de forma ordinaria y a menudo realizar bautizos y presidir matrimonios. Y los diáconos pueden como clérigos visitantes bautizar y presidir matrimonios con el permiso del párroco. Así, en estos casos, ¿puede una mujer no ordenada (o un varón) hacer todo lo que un diácono hace?

Técnicamente, la respuesta es sí. Casi. Cualquier persona puede bautizar en caso de emergencia (el ejemplo típico es el doctor o la enfermera en la sala de partos). Además, un laico puede bautizar si tiene autorización del obispo y puede presidir matrimonios en caso de necesidad, una vez obtenido el debido premiso o decreto. Es decir, el obispo puede otorgar un permiso especial a un laico para bautizar dentro del entorno parroquial y Roma puede conceder un decreto a un obispo para permitir a laicos presidir matrimonios en la parroquia.

En el caso del Bautismo, el obispo diocesano tiene entre sus poderes el permitir a laicos bautizar.[20] En el caso de la necesidad de laicos para presidir matrimonios, la solicitud debe mandarse a Roma. Generalmente, un obispo presentará su caso para el territorio de su conferencia episcopal, la cual determinará en conjunto si el territorio necesita esos decretos. Una vez que se supera este obstáculo, el obispo diocesano pedirá un decreto que permita una de las dos posibilidades: capacidad para nombrar laicos para que presidan matrimonios, ya sea de forma ordinaria (siempre) o extraordinaria (caso por caso). Los decretos que permiten al obispo diocesano nombrar a laicos para presidir matrimonios no son permanentes, pero se conceden por cinco años con posibilidad de renovación. En algunos territorios vastos e inaccesibles—por ejemplo, en Alaska—, al obispo diocesano le ha sido permitido nombrar a un puñado de laicos como ministros ordinarios del Bautismo y del Matrimonio.

Este sencillo ejemplo de los ministros del Bautismo y del Matrimonio es solo una de varias situaciones similares donde el ministerio ordinario de la mujer diácono podría satisfacer las necesidades de la gente y el obispo diocesano no tendría que recurrir a alguien de "fuera de casa"—es decir, a alguien que no es clérigo—para desempeñar el ministerio.

Si bien un laico representando al párroco y celebrando los sacramentos del Bautismo y del Matrimonio es posible—aunque poco probable en el contexto actual, excepto en territorios de misión o con poco clero—, existen ciertas funciones que están definitivamente reservadas a los clérigos, ya sean diáconos, sacerdotes u obispos. Dos que son cruciales, son predicar y juzgar. Ningún laico puede predicar en la Misa dominical con pueblo[21]o fungir como juez único, o firmar un juicio o una dispensa que resulte de un procedimiento legal de la Iglesia. En ninguna de estas situaciones puede un obispo diocesano delegar la tarea en alguien que no sea clérigo; delegar eso simplemente está prohibido por el Derecho Canónico.[22]

Por tanto, queda claro que el rechazo a la ligera del cardenal Kasper a la ordenación de mujeres diáconos—de que ya hacen todo lo que podrían hacer si estuvieran ordenadas—no solo es incorrecto, sino que también pone en entredicho el restablecimiento del diaconado como orden permanente. Los ejemplos anteriores sirven como pruebas sólidas de que hay muchas cosas que los diáconos pueden hacer de forma ordinaria que un laico puede hacer solo en las circunstancias más extraordinarias y limitadas, o que simplemente no puede hacer.

Identidad diaconal

Los ejemplos de lo que un diácono puede hacer y que un laico no puede hacer, se refieren solo a las funciones del ordenado, no a la dedicación pública y permanente de sus vidas al sagrado ministerio, y a la aceptación y ratificación de ese sagrado ministerio de manos del obispo diocesano. Como se afirmó más arriba, la teología del Orden, no la funcionalidad, deberían guiar la noción de diaconado. Siendo realistas, las buenas obras y la mayoría de las tareas litúrgicas y sacramentales del diácono pueden, de hecho, ser asumidas por personas no ordenadas. Pero la teología católica sostiene que el sacramento imprime un carácter ontológico indeleble en la persona ordenada al diaconado, marcando a ese individuo como la persona que sirve *in persona Christi servi*, en la persona de Cristo siervo. La cuestión de las mujeres ordenadas no es acerca de la función, sino, más bien, sobre la identidad. ¿Puede una mujer asumir la identidad diaconal, ahora claramente definida (y codificada) *in persona Christi servi*?

Las diferencias entre el sacerdocio y el diaconado son importantes aquí. El diácono sirve *in persona Christi servi*. El sacerdote sirve *in persona Christi Capitis Ecclesiae*, en la persona de Cristo, cabeza de la Iglesia. No hay argumentos convincentes en contra de que una mujer sirva *in persona Christi servi*: hacerlo equivale a reducir la teología sacramental a un fisicismo ingenuo que niega el misterio de la Encarnación. Dios se hizo humano como varón, sí, pero la realidad más extraordinaria de la encarnación es que Dios entró en la historia como un *humano*. Por tanto, el argumento de *in persona Christi* no ha resistido el escrutinio de muchos teólogos serios, si bien algunos otros se aferran a él.[23]

Yo sostengo que este argumento u objeción a la ordenación de mujeres como sacerdotes no nace de una comprensión de la teología sacramental, sino más bien de una falsa noción de sacerdote, combinada con supersticiones históricas relacionadas con la menstruación, supersticiones que históricamente afectaron a la continuidad de la mujer en el diaconado. Es decir, mientras el así llamado argumento icónico establece que solo un varón puede representar a Cristo, de hecho, afirma que solo un varón puede ser el icono del sacerdote como se entiende y acepta actualmente por la sociedad de la Iglesia. Como tal, el sacerdocio está cerrado a las mujeres, no porque no puedan representar a Cristo, sino porque no pueden representar la forma en que la Iglesia concibe al sacerdote. Además, las mujeres no pueden representar la forma en que la Iglesia concibe el sacerdocio porque el sacerdote y solo el sacerdote (en este esquema) toca lo sagrado, lo cual las mujeres—particularmente las que están menstruando—profanarían.[24]

Sin embargo, la enseñanza del Magisterio de que la Iglesia no tiene la autoridad de Cristo para ordenar mujeres al sacerdocio constituye un argumento irreducible contra la ordenación de mujeres como sacerdotes. El prelado que ordena debe "tener intención de hacer lo que la Iglesia hace" al administrar el sacramento y no puede querer al mismo tiempo ordenar a una mujer y también querer lo que la Iglesia quiere.

Pero no existen esas barreras para la ordenación de mujeres como diáconos, más allá del pensamiento supersticioso que rodea a la menstruación. El argumento de la autoridad no se aplica, porque la Iglesia misma presenta a aquellos que son vistos como los primeros diáconos, que fueron ordenados por los Apóstoles para servir. Tampoco, cómo se expuso más arriba, puede aplicarse el argumento icónico.

Lo que está en serio riesgo en la Iglesia contemporánea, sin embargo, es el desarrollo de un icono masculino de diaconado. Es decir, mientras que el Derecho Canónico claramente establece (siguiendo la anterior distinción del *Catecismo*) que el sacerdote y el obispo actúan de una forma distinta al diácono, todos los diáconos del mundo son varones. Por tanto, mientras la Iglesia recupera el diaconado, vuelve a experimentar solo la parte masculina del diaconado y al hacerlo puede estarse condicionando culturalmente a un diaconado de solo varones.

Es decir, no está en discusión si la Iglesia tiene la autoridad o no para reestablecer el diaconado femenino, sino si la acumulación de experiencias y el paso del tiempo no podrían consolidar al diaconado como un orden solo masculino. Así, la pregunta corre el riesgo de convertirse en "¿puede una mujer asumir la identidad del diaconado masculino como se ha venido entendiendo culturalmente?" Más bien, la pregunta debería ser "¿puede una mujer asumir lo esencial de la identidad diaconal?"

Para decirlo de otra forma, el *servicio* (funcionalidad) diaconal está igualmente disponible a hombres y mujeres, con limitaciones, con o sin ordenación. Pero la *identidad* diaconal está enraizada en la ontología del Orden y se vive a través de una vida enraizada en la oración. El servicio diaconal, ordenado o no, es *meramente* funcional cuando se separa de una vida vivida en Dios, entendida como una vida de oración regular y ordenada. Esa vida de oración crea la identidad del ministerio (otra vez, ordenado o no) y dirige la vida de servicio. Cuando la función del individuo, incluso la función del individuo ordenado, se separa de la vida de oración, esa función (sin importar cuán valiosa) es a final de cuentas estéril, por el hecho de que está separada de la vida de Dios en la Iglesia. Por tanto, el punto esencial de la identidad del diácono no es la funcionalidad de él o ella, sino, más bien, la identidad diaconal enraizada en una vida de oración. Es la vida enraizada en la oración y fortalecida por la gracia del sacramento la que da al diácono, ante todo, su identidad como ministro.

Sin duda, las mujeres pueden vivir y han vivido profundas vidas de oración en medio del servicio diaconal en la Iglesia como ministras laicas. La mayoría de los ministros laicos conocidos en la Iglesia en los Estados Unidos hasta el siglo XX eran miembros de comunidades religiosas y apostólicas de mujeres, cuya vida de oración impulsó su vida de servicio. Su identidad pública como mujeres religiosas, sobre todo antes de la reintroducción del diaconado permanente en los años que siguieron al Concilio Vaticano II, generó cierta confusión sobre su relación con la jerarquía. Mientras la vida religiosa es un estado público dentro de la Iglesia, esta es simplemente una forma específica de vivir la vida cristiana y es por definición no clerical. Mientras algunos institutos y órdenes de religiosos son una mezcla de clérigos y laicos (sacerdotes, diáconos y hermanos), y algunos institutos y órdenes masculinos son completamente clericales o completamente laicos, los institutos y órdenes de mujeres son totalmente laicos (hermanas y monjas).

La mayoría de las órdenes de vida activa de mujeres en los Estados Unidos realizan lo que en otros términos es un ministerio diaconal. A causa de su disminución, ahora se reconoce que las religiosas llevaron el peso de la mayor parte del servicio diaconal en los Estados Unidos; los ministerios que un tiempo hicieron las religiosas están desapareciendo. La actual expansión (sobre todo femenina) de ministros laicos eclesiales apoya la idea de que quizás las mujeres se identifican más con el ministerio del servicio que los hombres. De hecho, podemos decir que las mujeres (especialmente las mujeres religiosas y apostólicas) son más representativas de la identidad diaconal de la oración y el servicio, mientras los varones (específicamente los diáconos ordenados) están más identificados con la funcionalidad diaconal cuando esta se concibe como el ministerio de la liturgia.

Para los hombres o para las mujeres, la llamada diaconal tripartita al servicio—la Palabra, la liturgia y la caridad—debe estar cuidadosamente balanceada para lograr una clara identidad diaconal. Ese delicado equilibrio y esa identidad diaconal deben estar disponibles para ambos.

¿Por qué es la ordenación de mujeres buena y necesaria?

La ordenación de las mujeres al diaconado no puede y no reemplazará la vida monástica o apostólica de las mujeres. Pero el diaconado ordenado de las mujeres puede coexistir con la vida religiosa de las mujeres dentro o fuera de los institutos y órdenes. La compleja historia de la vida religiosa de las mujeres demuestra al menos dos eventos reconocidos con un rito: pertenencia permanente y consagración personal, que algunas veces se combinan en una sola ceremonia donde se profesan los votos de pobreza, castidad y obediencia. Por separado, la consagración personal de la hermana a Dios algunas veces se realiza con la "imposición del velo" o, menos frecuentemente, la consagración a una vida de virginidad. Las religiosas dedicadas al apostolado generalmente hacen votos de pobreza, castidad y obediencia, de acuerdo con las constituciones de sus institutos. Las constituciones establecen la forma en que se vivirá la vida religiosa, pero son suficientemente claras para entender que la labor apostólica será lo que de otra manera se llamaría servicio diaconal. Es decir, los votos generalmente se hacen para ser vividos de acuerdo con las constituciones de un determinado instituto, las cuales por lo general apuntan a una tarea o tareas particulares.

Solo pequeños restos de las ceremonias de ordenación de diáconos quedan en las ceremonias de profesión de religiosas de vida activa, si bien las ceremonias para religiosas contemplativas parecen hacerse más eco de esa tradición. Aproximadamente cuatro años después de la profesión monástica, las monjas cartujas pueden recibir la consagración de una virgen en una ceremonia específica de su orden que parece incluir restos de una ceremonia de ordenación diaconal. En esa ceremonia, la monja cartuja recibe una estola, un manípulo y una pequeña cruz sobre su hombro.[25] El ritual cartujo tiene cientos de años de antigüedad; pero, por otra parte, el primer hábito de las Religiosas de la Asunción, fundadas en París en 1839 por santa María Eugenia Milleret (1817–1898) y originalmente dedicadas a la educación, tiene un manto blanco de capilla con una cruz violeta en el hombro, quizás un resto intuitivo de las antiguas ceremonias y que indica la dedicación a un servicio que ahora identificamos como diaconal.

Dejando de lado los ritos, muchas mujeres de nuestro tiempo claramente sirven a la Iglesia desempeñando roles diaconales. Una cantidad considerable de ellas aún busca vidas de oración y servicio en comunidades apostólicas, monásticas y contemplativas. Otras, sin embargo, deciden vivir como laicas (casadas o solteras) dedicadas al ministerio eclesial laico. Dentro de esta gran cantidad de mujeres ministros—religiosas y seculares—hay mujeres adecuadas y, posiblemente, llamadas al diaconado ordenado. Igualmente, debe notarse, hay mujeres que no quieren verse involucradas en las estructuras clericales y prefieren conservar su estatus de ministras laicas, ya sea como ministras eclesiales laicas o religiosas. Otras prefieren el estado laical, mientras trabajan en diversas organizaciones de voluntariado, incluyendo varios ministerios dirigidos por institutos religiosos.

Pero hay una cantidad considerable de mujeres que preferirían tener una relación específica con el obispo, la cual forma parte del estado clerical, así como la identidad pública del diácono. También hay una cantidad considerable de personas que darían la bienvenida al ministerio diaconal de las mujeres en capellanías, servicios sociales y en diversas instancias eclesiales. La realidad de los hechos es que estamos en un nuevo mundo. En los países desarrollados, al menos, las mujeres son consideradas intelectual y espiritualmente iguales a los hombres. Las mujeres son profesionistas bien valoradas, al igual que esposas y madres. Las mujeres son ejemplo para las niñas que vienen detrás de ellas. Y las mujeres representan más de la mitad de los 1.000 millones de católicos en el mundo.

La pregunta de por qué la ordenación de mujeres es buena y necesaria se convierte en "¿qué dirá la ordenación de mujeres sobre la naturaleza de la Iglesia y el ejercicio del ministerio?" En muchísimas partes, la Iglesia Católica es ridiculizada y despreciada por la forma en que se perciben sus posturas sobre la mujer. Toda la lista de los así llamados problemas de la mujer eclipsa la necesidad apremiante del pueblo de Dios de un ministerio realizado por mujeres. Por desgracia, algunas de las mismas mujeres que podrían participar en este ministerio, están atrapadas en otros temas—aborto, anticonceptivos, etcétera—, incluso mientras protestan contra los horrores de la pederastia de los sacerdotes y el concomitante encubrimiento por parte de los obispos, el escándalo del tráfico de seres humanos y la ignorancia pertinaz del mundo sobre las genuinas necesidades de nutrición y salud de mujeres y niños.

La combinación de problemas—aquellos que la Iglesia considera legítimos y aquellos a los que la Iglesia se opone—puede ser de hecho un lado del problema multifacético que muchísimos en la jerarquía tienen con las mujeres. Una delgada cuña de antifeminismo comenzó a dividir la Iglesia masculina y femenina desde el siglo IV, y algunos dicen que antes. Esa división continuó durante el primer milenio. Los siglos XI y XII mostraron cómo esa brecha se ensanchaba, de forma que en términos del ministerio ahí comenzó y ahora permanece una división bien definida entre los hombres y las mujeres de la Iglesia. La dispar capacitación profesional para muchos hombres y para mujeres que entran hoy al ministerio, solo alienta y consolida esa división. En concreto, los hombres en camino a la ordenación, incluyendo el diaconado, son educados y capacitados de una manera distinta (y generalmente separados) de las mujeres que se preparan para el ministerio laico.

Muchas personas generosas—hombres y mujeres—quieren dedicar sus vidas al servicio de la Iglesia, pero solo a los pocos hombres célibes que se preparan para el sacerdocio se les ofrecen años sin tener que trabajar para poder dedicarse al estudio de la filosofía y teología necesarias para el sacerdocio. Mientras que muchos otros hombres y mujeres que estudian y se capacitan para el ministerio, a menudo estudian teología sin contar con una base de filosofía. Como resultado, algunos hombres y más mujeres entran al ministerio laico con una educación y capacitación deficientes (o, al menos, no igual). El problema se convierte en un círculo vicioso y en un silogismo sin fin, que confirma el fundamento del argumento contra la ordenación de mujeres diáconos: como las mujeres laicas a menudo no tienen suficiente formación, por tanto, no entienden bien la doctrina católica; a esas mujeres no se les pueden confiar tareas eclesiales. Como no se les pueden confiar a las mujeres tareas eclesiales, las mujeres no deben ser ordenadas.

Por supuesto, hay muchos errores en ese silogismo, pero el punto está claro: las mujeres no pueden ser educadas suficientemente para la ordenación y, por tanto, no se les debe educar para la ordenación porque "nosotros" (la jerarquía) no queremos ordenarlas. Esa es prácticamente la lógica de la notificación de 2001 mencionada antes, la cual en pocas palabras obliga a los obispos a no formar mujeres para la ordenación diaconal porque "nosotros" no consideramos que "nosotros" las vayamos a ordenar.

Pero la ordenación de mujeres es tan buena como necesaria, porque la Iglesia, tomando una imagen de Juan Pablo II, debe respirar con sus "dos pulmones"—el masculino y el femenino—en el diaconado. El ministerio de servicio que conlleva el diaconado no es específicamente masculino—o femenino—, sino que es, específicamente, un ministerio de servicio. Si tomamos el caso de las religiosas de vida activa en los Estados Unidos—de las cuales quedan menos de 60.000—podemos ver que las tradicionales tareas diaconales que ellas asumían están desapareciendo, muriendo y están siendo absorbidas por otras entidades. Desde el punto de vista institucional, esto afecta a hospitales, orfanatos, instituciones educativas, incluso casas de retiros y estancias infantiles. A nivel diocesano y parroquial, tenemos la educación religiosa y la preparación sacramental, así como visitar enfermos, consolar a los afligidos y facilitar un sentido de comunidad. Muchas de estas funciones diaconales, realizadas en la época moderna por religiosas de vida activa, ahora son realizadas por una serie de hombres ordenados diáconos. También son realizadas por ministros eclesiales laicos, hombres y mujeres. Pero la Iglesia necesita más ministros ordenados. ¿Es posible reconsiderar la historicidad del diaconado femenino?

Una nota sobre la historia

El debate, desde la historia, sobre las mujeres diáconos entreteje argumentos sobre los hechos que rodean a su nombramiento (si con una ordenación o de otra forma), sus funciones y su misma existencia. La mayoría de los debates históricos comienzan con una de dos premisas: las mujeres eran ordenadas o las mujeres no eran ordenadas.[26] Pero ¿qué es la ordenación? La simple comprensión es que la ordenación viene después de que un obispo diocesano determina que un individuo está calificado para el servicio: para lo que aquí nos atañe, calificado para el servicio diaconal *in persona Christi.*

La evidencia histórica tan bien explicada por Gary Macy en este libro, y por otros en otros documentos, muestra claramente que las mujeres eran diáconos. Eran llamadas diáconos, eran llamadas así por obispos y realizaban funciones diaconales. Sin embargo, a pesar de la existencia de antiguos cánones conciliares, cartas papales del Medioevo y una cantidad considerable de ceremonias de ordenación (en Oriente y Occidente), algunos sostuvieron siglos más tarde que esas mujeres ordenadas no recibían la ordenación sacramental. Lo que no se recuerda tan a menudo es que la mayoría de las mujeres ordenadas como diáconos fueron ordenadas antes de que se consolidara la teología sacramental, lo cual ocurrió al mismo tiempo que comenzó a desaparecer el diaconado.

Al parecer, la línea argumentativa dirigida a descalificar la evidencia histórica de la ordenación de mujeres como diáconos es doble: primero, las primeras ordenaciones de mujeres no eran sacramentales (sin importar la intención del obispo ordenante) porque las mujeres no pueden recibir el sacramento del Orden, como se dice en las objeciones de Graciano antes mencionadas; o, segundo, ninguna ordenación diaconal (de hombre o de mujer) es o alguna vez fue una ordenación sacramental. Como se ha expuesto antes en este libro, sin embargo, los estudios más recientes y la enseñanza de la Iglesia define la ordenación diaconal como parte del sacramento del Orden.

Para cuando la Iglesia comenzó a definir la ordenación como un sacramento, pocas personas, a parte de los candidatos a la ordenación sacerdotal, estaban siendo ordenadas en la Iglesia Occidental. Las Iglesias Orientales (católicas y ortodoxas) conservaron una tradición más fuerte del diaconado como tal y algunas iglesias ortodoxas conservaron la ordenación de religiosas como diáconos, en gran parte debido a la necesidad de un diácono en la liturgia. Sin embargo, muchas iglesias, tanto en Oriente como en Occidente que no están en completa comunión con Roma, aquellas cuyos sacramentos y órdenes la Iglesia Católica reconoce como válidos, tiene una reciente (y, en algunos casos, relativamente ininterrumpida) tradición de ordenar mujeres al diaconado.

La Santa Sede no ha hecho ninguna declaración definitiva—positiva o negativa—sobre la validez del Orden de estas mujeres. Afirmar la validez de su ordenación haría surgir la pregunta sobre por qué la Iglesia Católica se niega a restaurar su propio diaconado femenino, tanto en Oriente como en Occidente. Negar la validez de esas ordenaciones pondría en entredicho el reconocimiento y los acuerdos de la Iglesia Católica con esas iglesias. Las experiencias de estas iglesias, sin embargo, son ilustrativas del diaconado femenino en el presente y quizás preanuncian cómo la Iglesia Católica, sobre todo la Iglesia Católica Romana, podría incorporar a las mujeres a su orden del diaconado.

¿Qué mujeres se convertirían en diáconos?

¿Qué mujer se convertiría en un diácono ordenado, romano y católico? Para algunas mujeres, la simple idea de la ordenación, de llegar a estar directa e irrevocablemente involucradas en la casta clerical, es impensable. Estas mismas mujeres permanecen dedicadas al servicio del pueblo de Dios a través de los ministerios de la Iglesia Católica y su ministerio puede hacerse eco del que realiza el diaconado permanente. La mayoría de estas mujeres son religiosas dedicadas al apostolado, que ven su vida consagrada como un medio para el testimonio profético fuera del "sistema." Es decir, mientras se les identifica públicamente como religiosas con votos, no son clérigos; técnicamente, son laicas. Aunque tienen una identidad particular delineada por el Código de Derecho Canónico, su consagración es una extensión de sus promesas bautismales. No son ni desean ser ordenadas.

Muchos de los ministerios de estas religiosas se financian por sí mismos, ya sea a través de sus institutos o de organizaciones propiedad de sus institutos. Muchas de ellas trabajan para entidades no relacionadas con la Iglesia en diversos puestos, a menudo como trabajadoras sociales, abogadas o profesoras. Algunas dedican su vida al activismo público, por ejemplo, a través de organizaciones no gubernamentales (ONG) acreditadas ante la Organización de las Naciones Unidas. Muchas de ellas podrían ver su estado clerical en conflicto con la libertad para hablar y escribir lo que deseen, aunque todavía estén ligadas en obediencia a sus superiores religiosos y, por extensión, a la ley de la Iglesia. Además, los ministerios creados por sus institutos (y su misma presencia en una diócesis) dependen de un permiso implícito o explícito del obispo diocesano.

Otras religiosas dedicadas al apostolado, que trabajan y sirven directamente en entidades diocesanas, incluidas las parroquias, podrían ver la ordenación diaconal como beneficiosa para su trabajo. Mientras su dedicación al ministerio se hace a través de las constituciones o normativa de sus institutos u órdenes, su decisión de ordenarse no sería redundante, sino que daría más fuerza a su labor. La ordenación les daría la posibilidad de recibir facultades de su obispo, sobre todo para predicar, pero también para bautizar y presidir matrimonios. También podrían ser candidatas a ser jueces únicos en juicios canónicos, para firmar procedimientos legales de la Iglesia y para acceder a cargos.

El conjunto de mujeres que podría escoger permanecer como ministros no ordenados está compuesto por los miles de ministras laicas y eclesiales que creen no estar llamadas al diaconado y que prefieren permanecer como ministras eclesiales laicas. Este grupo es de gran interés porque está compuesto sobre todo por mujeres que no están llamadas a la vida consagrada (como religiosas, vírgenes consagradas, ermitañas o miembros de institutos seculares) y, sin embargo, sirven profesionalmente en alguna entidad de la Iglesia, ya sea a nivel parroquial, diocesano o nacional.

Aquellas que son nombradas formalmente, y en algunos casos certificadas, por sus obispos como ministras eclesiales pueden haber recibido una capacitación profesional muy parecida a la de un diácono actual. Han atravesado por una formación y capacitación en los campos de desarrollo espiritual, humano, intelectual y profesional delineados por la Conferencia de Obispos Católicos de los Estados Unidos como necesaria para el ministerio laico eclesial. Algunas pueden haber sido formalmente nombradas por sus obispos como ministras laicas eclesiales en una ceremonia pública.

Si bien muchas ministras laicas eclesiales—casadas o célibes, sin votos públicos y no consagradas—elegirían permanecer como ministras no ordenadas dentro de cualquier contexto o estructura en que se encuentren, otras podrían buscar la ordenación al diaconado. Por supuesto, nadie se elige a sí mismo para convertirse en diácono. La vocación al diaconado—como cualquier otra vocación—debe ser examinada y probada.

¿Cómo se vería la Iglesia con mujeres diáconos?

Una barrera importante para la reintroducción de las mujeres al diaconado permanente es que nadie sabe realmente cómo funcionaría. ¿Qué haría una mujer ordenada diácono? ¿Sería casada o célibe? ¿Podría ser una religiosa con votos? ¿De qué viviría? ¿Dónde viviría?

El diaconado permanente que incluye a mujeres sería muy parecido al diaconado permanente de hoy en términos de funcionalidad con ciertas diferencias, la más importante de ellas, que las mujeres diáconos serían particularmente apropiadas para llevar directamente la Palabra, la liturgia y la caridad a otras mujeres. Al igual que las mujeres diáconos en la iglesia primitiva, servirían a las mujeres enfermas y a las agonizantes, y estarían disponibles para todo tipo de mujeres vulnerables. Pondrían el ministerio de la Iglesia—el ministerio de Jesús—a disposición de mujeres (y hombres) de una forma nueva-antigua.

En el mundo antiguo, el ministerio íntimo de hombres a mujeres era inapropiado; el mundo actual es a menudo igualmente indecoroso e incómodo. Epifanio, un padre de la Iglesia conocido por su ortodoxia, escribió en el siglo IV que las mujeres diáconos atendían a las mujeres enfermas y agonizantes precisamente porque sería inapropiado que ese ministerio lo hicieran hombres. Al reconocer que una de las razones dadas para restaurar a las monjas diáconos en la Iglesia Ortodoxa de Grecia siguió el razonamiento de Epifanio, es obvio que hay restricciones y reticencias para la convivencia entre hombres y mujeres no casados o no relacionados.[27]

El ministerio a los enfermos y moribundos es un caso primordial. Todos son particularmente vulnerables cuando están lesionados o enfermos. Sin importar si están hospitalizados o no, su dignidad corre peligro por la falta de privacidad e incapacidad para valerse por sí mismos. Conscientes, semiconscientes o inconscientes, a menudo estas personas no pueden controlar el acceso a su presencia o a sus mismos cuerpos. La decencia exige que un ministerio femenino esté disponible, ministerio que va mucho más allá de los breves encuentros sacramentales, sin importar cuán benéficos o necesarios, realizados por sacerdotes.

Hay un número considerable de ministras laicas eclesiales (religiosas y seculares) que ofrecen servicios de capellanía en hospitales, centros para enfermos terminales y agencias de cuidados a domicilio. Muchas han realizado un riguroso curso de certificación como capellanes de atención médica. ¿Habría alguna diferencia si alguna de estas mujeres—religiosa o laica—fuera ordenada diácono? Quizás el primer lugar para buscar una respuesta es la experiencia de los diáconos ordenados que son capellanes católicos y certificados en atención médica. ¿La gracia y carisma del Orden distinguen *sus* ministerios? En la capellanía directa con los enfermos, es poco lo que un diácono puede hacer que no pueda hacer una persona no ordenada. Sin embargo, es importante reconocer que la práctica sacramental moderna a menudo no distingue entre el sacramento de la Unción de los Enfermos y el sacramento de la Reconciliación, a pesar de ser sacramentos distintos. La teoría actual sostiene que la remisión de los pecados es posible a través de la sola unción y, quizás por ello, la Congregación para la Doctrina de la Fe (siguiendo las disposiciones del Concilio de Trento) publicó una "Nota acerca del ministro de la Unción de los Enfermos." La nota específicamente excluye tanto a los diáconos como a los laicos, declarando que no se les puede delegar a ellos la administración del sacramento.[28]

No todas las mujeres ordenadas al diaconado se convertirían en capellanes de enfermos a tiempo completo. De hecho, no todas las mujeres ordenadas diáconos se convertirían en diáconos de tiempo completo. Al igual que su contraparte masculina, con la ordenación estarían incardinadas en la diócesis del obispo que las ordenó. Si bien las formas varían en todo el mundo, todas las mujeres ordenadas al diaconado estarían incardinadas a una diócesis, exceptuando a aquellas que pertenezcan a institutos religiosos u órdenes.[29] Durante la ceremonia de ordenación, el candidato al diaconado permanente promete obediencia y respeto al obispo diocesano y a sus sucesores (los diáconos seculares son ordenados por su obispo diocesano).

Religiosas ordenadas al diaconado

¿Y qué hay de las religiosas? La línea de autoridad es clara para los candidatos a diácono secular: se convierten en clérigos incardinados en una diócesis geográfica. Las religiosas que ya prometieron obediencia a sus superiores religiosos presentan una situación difícil. Cuando los religiosos son ordenados al diaconado o al sacerdocio, ya tienen un superior general que es clérigo, quien actúa como el equivalente de un obispo por su estado también clerical. En el caso de institutos y órdenes mixtos, con clérigos y laicos, solo un sacerdote puede tener el cargo de superior general, puesto que ningún laico debe tener jurisdicción sobre un clérigo.

Sin embargo, si una religiosa fuera ordenada al diaconado, se podría convertir en un dilema canónico para sus superioras. En primer lugar, por supuesto, necesitaría el permiso de su superiora general para ser ordenada. Además, su instituto u orden tendría que haber tomado la decisión previa de convertirse en un grupo mixto de clérigos y laicas. Habiendo tomado esa decisión y recordando que ningún laico puede tener jurisdicción sobre un clérigo, el instituto u orden tendría que restringirse en la elección de sus superiores generales. No se sabe si los institutos y órdenes mixtos de clérigos y laicos podrían tener superiores generales no clérigos donde los únicos miembros clérigos son diáconos. Si no se puede solucionar de forma efectiva esa restricción o si el grupo en cuestión decide no convertirse en mixto—con clérigos y laicos—o si la superiora general niega el permiso para la ordenación, entonces la religiosa candidata al diaconado tendría que elegir entre su comunidad religiosa y la ordenación.

Las restricciones impuestas por el requisito de un superior ordenado se reducen en teoría en las abadías territoriales de mujeres, donde las abadesas territoriales históricamente tenían autoridad absoluta, incluso sobre los clérigos.[30] Si bien su autoridad no se extiende a la ordenación, sí se extiende a la efectiva concesión de facultades: ningún clérigo celebra los sacramentos o predica dentro del territorio de una abadía sin el permiso de la abadesa (o abad). Por tanto, existe un precedente histórico y una práctica actual que podría ayudar a la comprensión de que la autoridad cuasi-episcopal de una abadesa, combinada con la recepción de la profesión perpetua, podría ser suficiente para la "incardinación" de un miembro de su abadía que fuera ordenado diácono.[31] U, otra opción, que cualquier miembro de la abadía o monasterio elegido como abadesa (o priora) sea también ordenada diácono[32] (otra vez, recordemos lo descubierto por el Santo Sínodo de la Iglesia Ortodoxa Griega en relación con las religiosas diáconos).

La encrucijada canónica relacionada con ordenar religiosas como diáconos es real y recuerda otras peculiaridades de la vida religiosa para mujeres. Para el propósito de estas líneas, se deben entender correctamente los distintos tipos de religiosas. En su mayor parte, las religiosas son consideradas "monjas" o "hermanas."

Si bien el Código de Derecho Canónico de 1983 ya no estipula los votos solemnes, a las mujeres que llevan vida de clausura en un monasterio o abadía se les llama monjas (el nuevo Código dice que esos votos solo son considerados solemnes en aquellas partes donde la Iglesia los reconoce como tales).[33] La principal diferencia es que aquellas que hacen votos solemnes renuncian a toda posesión de bienes.

Otras religiosas son llamadas "hermanas." Algunas pertenecen a institutos que viven algún carisma importante—franciscanas, dominicas, benedictinas—o pertenecen a alguno de los muchos institutos fundados en tiempos modernos. De estos, algunos son de "derecho diocesano" y otros de "derecho pontificio." Es decir, algunos han sido fundados dentro del territorio y con el permiso (o a petición) del obispo diocesano. A estos se les conoce como institutos diocesanos. Los institutos pontificios pueden haber sido fundados de la misma forma, pero no dependen del obispo diocesano, excepto en todo lo relacionado con su ministerio dentro de la diócesis.

Por tanto, para las religiosas, existen tres modalidades: abadías y monasterios territoriales (incluidos los monasterios de clausura), institutos diocesanos e institutos pontificios. De ellos, se puede hacer cierta argumentación sobre el estatus cuasi episcopal de la abadesa territorial. Tanto los institutos diocesanos como los pontificios, sin embargo, están dirigidos por mujeres laicas.

Los institutos diocesanos son un caso interesante. Hasta la promulgación del Código de Derecho Canónico de 1917, competía a los obispos diocesanos admitir a las mujeres a los institutos diocesanos. ¿Era esta práctica un vestigio de un obispo en la Iglesia de los primeros siglos que llamaba a una mujer a servir como diácono en su diócesis? Durante más de trescientos años, las religiosas han respondido a las invitaciones de obispos diocesanos para fundar casas religiosas en los Estados Unidos. Cuando el sistema de diócesis se fortaleció en los Estados Unidos (hasta 1908, los Estados Unidos fueron considerados territorio de misión), la mayoría de los nuevos institutos sirvió sobre todo en ministerios diocesanos: escuelas parroquiales, catequesis parroquial, otros ministerios parroquiales y otras iniciativas diocesanas como obras de caridad católicas, hospitales, residencias para adultos mayores y trabajo en la curia diocesana. ¿Eran estas mujeres las diáconos que los obispos de los Estados Unidos, sin saberlo, necesitaban?

Los institutos pontificios son igualmente interesantes. No dependen del obispo diocesano, sino más bien dependen de la autoridad del papa a través de la Congregación para los Institutos de Vida Consagrada y Sociedades de Vida

Apostólica.[34] Aun así, al igual que con los institutos y órdenes de religiosos, los institutos pontificios operan dentro de una diócesis solo con el permiso del ordinario del lugar. Sus carismas son igualmente de carácter diaconal: tienen y operan en todos los niveles de las instituciones educativas, hospitales y agencias de servicios sociales, y sus miembros trabajan en ministerios parroquiales y diocesanos.

No podemos exponer aquí la compleja historia de las religiosas en los Estados Unidos, pero, en general, sirve como ejemplo de que los obispos necesitaban un servicio diaconal y que se volvieron a las religiosas para poder ofrecerlo. En cualquier caso, una mujer miembro de una orden o instituto religioso que ha decidido ser mixto, con clérigos y laicas, necesitaría permiso de su superior provincial o general para aceptar la ordenación al diaconado, un permiso que solo se daría por consejo o posiblemente consentimiento del consejo de su instituto.[35]

¿Debería un instituto de religiosas optar por no convertirse en mixto, esto es, clerical y laico o se le debería negar a una religiosa el permiso para ser ordenada dentro de su instituto? Siempre está la posibilidad de fundar un nuevo instituto de religiosas: mixto o totalmente clerical. Un instituto totalmente clerical de religiosas evitaría el problema de quién podría ser elegida superiora general, mientras que un nuevo instituto mixto tendría que determinar claramente en el momento de su fundación que sus superioras solo podrán ser elegidas entre las ordenadas o entre las que estén dispuestas a ser ordenadas si son elegidas.[36]

Mujeres seculares ordenadas al diaconado

Como se mencionó más arriba, una mujer secular ordenada al diaconado queda incardinada en la diócesis de su obispo ordenante, igual que como sucede con un diácono secular varón. Y tal como él hace, ella promete obediencia y respeto a su obispo diocesano y a sus sucesores. Esto incluye la promesa de obedecer a la ley de la Iglesia, que permite a hombres casados ser diáconos, pero que no permite a hombres ordenados contraer matrimonio. Lo estipulado se aplicaría también a las mujeres: las mujeres casadas podrían ser ordenadas diáconos, pero las mujeres ordenadas no podrían casarse.

Un hombre casado que es candidato para la ordenación debe presentar una solicitud de su esposa apoyando su propia solicitud. En la mayoría de las diócesis de los Estados Unidos, las esposas asisten a clases antes de la ordenación con sus esposos (aunque en algunas diócesis no se les permite hablar en la clase). Las esposas también asisten a los retiros y reuniones antes de la ordenación. Los primeros lineamientos para la formación y ministerio diaconal emitidos por la Conferencia de Obispos Católicos de los Estados Unidos requerían (1) que las esposas expresaran formalmente su consentimiento a la ordenación de su esposo; (2) que las esposas puedan determinar libremente hasta qué punto ellas van a participar en el ministerio; (3) que las esposas tengan programas de desarrollo; (4) que los obispos tengan en cuenta la situación económica de la familia; (5) que todos entiendan que los deberes de la familia tienen prioridad sobre el ministerio; y (6) que las esposas tienen comunicación abierta con la oficina diocesana para el diaconado. Estos requisitos siguen vigentes, quizás con más énfasis en involucrar a los hijos mayores de las familias de diáconos en la formación y en otros programas, cuando sea apropiado.[37]

El papel de la esposa del diácono se entiende de diversas maneras de una diócesis a otra y de una familia diaconal a otra, y su papel se está matizando continuamente. Se ha realizado bastante investigación, y continúa, pero esta pregunta (al menos, eso parece) es una constante: si los dos son una sola carne en el matrimonio, ¿cómo es posible que solo uno pueda ser ordenado al ministerio, sobre todo si los dos han participado en el mismo programa de capacitación?[38]

Es confuso, incluso difícil de entender, que el papel de la esposa del diácono sea de una forma y el papel del esposo de la diácono sería análogo solo hasta cierto punto. Es decir, los documentos del Magisterio todavía hablan del esposo como "cabeza" de la familia. A pesar del permiso de la esposa requerido para que un hombre pueda ser aceptado como candidato al orden diaconal, sigue una comprensión cultural dentro de la Iglesia de que las esposas son parte de las opciones de carrera de sus esposos y todo lo que estas puedan implicar.

Reconozco que la vocación al diaconado no es una "carrera," pero creo que el principio sigue siendo válido. ¿Qué sucede, entonces, cuando las cosas se invierten? ¿Qué pasa cuando la esposa quiere convertirse en diácono? Necesitaría el acuerdo de conformidad de su esposo para recibir la formación y la capacitación, y aceptar la ordenación al final. Pero ¿cómo concebiría la Iglesia a una mujer casada que promete obediencia a su obispo? La cultura no está habituada a este tipo de relaciones duales, incluso cuando no considera la obediencia al obispo como algo que interfiera con el matrimonio de un diácono varón.

Quizás por esta razón, cuando recomendó restituir a las mujeres al diaconado durante el Concilio Vaticano II, el obispo italiano Giuseppe Ruotolo recomendó que la ordenación se limitara a mujeres célibes. Su concepto apunta a dos direcciones: mujeres no casadas, religiosas y seculares. Las complicaciones de la ordenación de religiosas se expusieron más arriba. ¿Cuáles son las complicaciones para las mujeres no casadas y seculares?

Para comenzar, mientras el diácono en la ordenación promete obediencia al obispo y está vinculado a él de forma permanente por la incardinación en la diócesis del obispo, no hay una promesa de subsidio por parte del obispo al diácono. Es decir, mientras que el diácono está vinculado de forma permanente—en teoría, al menos—a la "casa del obispo," al obispo no se le pide que proporcione alguna forma de apoyo material al diácono. De hecho, el diaconado (al menos en Occidente actualmente) es en gran parte un ministerio voluntario. Por tanto, el candidato o candidata al diaconado debe proveer de forma efectiva y de cualquier forma a su propio sustento. El obispo no está obligado a proporcionarle empleo o vivienda. Además, los diáconos no pueden recibir estipendios de misas (puesto que no celebran la Eucaristía) ni reciben los típicos donativos por realizar matrimonios o bautizos. Por tanto, su ministerio se mantiene, ya sea por sí mismo o por un contrato laboral con una parroquia o diócesis u otra entidad no eclesial.

Un candidato al diaconado permanente en los Estados Unidos debe tener al menos treinta y cinco años; pero, si tomamos en cuenta el número decreciente de vocaciones a la vida religiosa femenina y el crecimiento concurrente y meteórico de las vocaciones al ministerio laico eclesial (del cual aproximadamente el 85 por ciento son mujeres) es completamente posible que mujeres jóvenes no casadas—o al menos más jóvenes—puedan escoger el diaconado permanente como una vocación a temprana edad.[39]¿Qué implicaciones tiene esto para el obispo? Los pocos diáconos seculares y célibes varones en los países desarrollados pueden, si es necesario, encontrar hospedaje en casas parroquiales, a menudo en la misma parroquia donde están trabajando, ya sea en general como diáconos o específicamente como catequistas. El hecho de contar con techo y comida en la casa parroquial permite mantener su ministerio a tiempo completo, incluso con un sueldo bajo.

Pero ¿qué pasa con las mujeres? Una joven que elige el ministerio laico eclesial puede casarse; una mujer joven ordenada diácono no podría.[40] Pero a una joven que elige el celibato se le debería advertir claramente que debe encontrar una forma permanente de vida que le permita mantener su ministerio. En este momento el único camino posible para ello es la vida religiosa. Pero la vida religiosa femenina podría no admitir miembros clérigos. Además, el punto de partida del discernimiento vocacional para la vida religiosa es la consagración personal a Dios, no el ministerio o la vida comunitaria con el propósito de sostener el ministerio.

Como se mencionó antes, una posibilidad sería una nueva forma de instituto religioso, fundado específicamente para admitir mujeres diáconos. Siendo realistas, un grupo así podría ser el único camino para garantizar el futuro de una joven célibe que desea ser ordenada diácono, aunque eso no responde del todo las preguntas más prácticas como, por ejemplo, cómo se pueden armonizar la vida comunitaria secular y los diversos ministerios diaconales. El diaconado no es, después de todo, igual a la vida religiosa activa.

Sin duda, viudas de mayor edad o mujeres que nunca se casaron podrían también sentirse llamadas ellas mismas al diaconado y su rango de edad sería similar al del actual grupo de candidatos varones al diaconado, al menos en los Estados Unidos. Estas mujeres pueden tener ya carreras o herencias para sostener el ministerio esencialmente voluntario del diaconado. La historia señala que el mínimo de edad para una mujer diácono cayó de sesenta a cuarenta años,[41] el rango actual y general de edad de una cantidad de ministros laicos de segunda carrera o carrera adjunta de ambos géneros.

Los aspectos prácticos de que las mujeres vuelvan al diaconado son complejos, pero la motivación subyacente —la única razón genuina para que la Iglesia vuelva a hacer accesible el diaconado a las mujeres— son las necesidades de la Iglesia.

¿Necesita la Iglesia mujeres diáconos?

Para responder a esta pregunta, sobre todo a la luz de los obstáculos prácticos delineados arriba, la discusión debe volver a la respuesta inicial del cardenal Kasper: las mujeres ya pueden hacer todo lo que hace un diácono. Bueno, pues no pueden. Una mujer no ordenada no puede predicar en una liturgia pública e incluso un obispo no le puede dar permiso a ella (o a cualquier otra persona no ordenada) para hacerlo. Una mujer no ordenada no puede ser juez único en un tribunal. Ni puede ser fácilmente ministro ordinario del Bautismo o testigo ordinario en un matrimonio. Una mujer no ordenada no puede acceder a ciertos puestos en la Iglesia o, por lo menos, no puede actuar plenamente en ellos si sucede que llega a tener el puesto. La labor de muchas mujeres que ocupan puestos en la Iglesia se fortalecería con su entrada al estado clerical como diáconos: mujeres que son cancilleres, jueces de tribunal y administradoras parroquiales. Además, las mujeres diáconos podrían predicar en liturgias eucarísticas, bautizar y presidir matrimonios, y serían formadas y capacitadas por sus obispos para poder hacerlo.

Y, lo más importante, la Iglesia tiene una grandísima necesidad del ministerio de servicio que ofrece el diaconado y se podría esperar razonablemente que las mujeres diáconos asumieran las tradicionales tareas diaconales que definen en la actualidad al diaconado permanente: catequesis, capellanías y servicios sociales. El hecho las mujeres han realizado continuamente estas tareas a lo largo de los siglos confirma el curso de la historia que ahora devuelve a las mujeres su llamada de los primeros siglos al servicio. Las mujeres han ofrecido estos y otros ministerios similares a lo largo de la historia, sobre todo a otras mujeres. No parece haber alguna razón para no retomar este natural desarrollo histórico.

La pregunta sencillamente es: ¿se beneficiaría la Iglesia si se restaurara el diaconado femenino? No hay garantías: pero, si se toma en serio el ministerio del discernimiento, debemos responder que sí.

NOTAS

Introducción

1. El cardenal Giacomo Antonelli (1806–1876) ingresó al servicio diplomático del papa Gregorio XVI como laico en 1836, fue ordenado diácono en 1840 y creado cardenal en 1847. Supervisó asuntos temporales para Pío IX y fue nombrado secretario de Estado del Vaticano en 1848. El cardenal Tedolfo Mertel (1806–1899) ingresó al servicio papal como laico y a continuación fue ordenado diácono por Pío IX en 1858. Frank J. Coppa, *Cardinal Giacomo Antonelli and Papal Politics in European Affairs* (Albany: State University of New York Press, 1990); "Cardinaux créés par Pie IX," *Annuaire Pontifical Catholique de 1904* (Paris: Maison de la Bonne Presse, 1905), 209.

2. Cipriano Vagaggini, "L'ordinazione delle diaconesse nella tradizione greca e bizantina," *Orientalia christiana periodica* 40 (1974): 149–89. La supresión del estudio de Vagaggini como documento vaticano se pone en evidencia en Peter Hebblethwaite, *Paul VI: The First Modern Pope* (Mahwah, NJ: Paulist Press, 2018), 547.

3. Roger Gryson, *The Ministry of Women in the Early Church* (Collegeville, MN: Liturgical Press, 1976); Aimé Georges Martimort, *Deaconesses: An Historical Study* (San Francisco: Ignatius Press, 1986). Ambos se publicaron pimero en francés.

4. Evangelos Theodorou, *Heroines of Love: Deaconesses through the Ages* (Athens: Apostlika Diakonia of the Church of Greece, 1949), y *The "Ordination" or "Appointment" of Deaconesses* (Athens, 1954); Kyriaki Karidoyanes FitzGerald, *Women Deacons in the Orthodox Church: Called to Holiness and Ministry* (Brookline, MA: Holy Cross Orthodox Press, 1998); Phyllis Zagano, *Holy Saturday:*

An Argument for the Restoration of the Female Diaconate in the Catholic Church (New York: Crossroad/Herder, 2000).

5. Ute Eisen, *Women Officeholders in Early Christianity: Epigraphical and Literary Studies* (Collegeville, MN: Liturgical Press, 2000).

6. J. N. M. Wijngaards, *No Women in Holy Orders? The Women Deacons of the Early Church* (Norwich, UK: Canterbury Press, 2002) y *Women Deacons in the Early Church: Historical Texts and Contemporary Debates* (New York: Crossroad, 2006).

7. Kevin Madigan y Carolyn Osiek, *Ordained Women in the Early Church: A Documentary History* (Baltimore: Johns Hopkins Press, 2005); Gary Macy, *The Hidden History of Women's Ordination: Female Clergy in the Medieval West* (New York: Oxford University Press, 2008).

Mujeres diáconos: historia

1. En su mayoría, las referencias provienen de fuentes secundarias bastante accesibles que contienen referencias a las fuentes originales citadas en el texto.

2. Josephine Mayer, *Monumenta de viduis diaconissis virginibusque tractantia, Florilegium patristicum tam veteris quam medii aevi auctores complectens* 42 (Bonn: Peter Hanstein, 1938).

3. Adriana Valerio, *La questione femminile nei secoli X–XII: Una rilettura storica di alcune experienze in Campania* (Napoli: D'Auria, 1983).

4. Heike Grierser, Rosemarie Nürnberg y Gisela Muschiol, "Texte aus der kirchlichen Tradition und lehramtliche Dokumente," en Peter Hünermann, Albert Biesinger, Marianne Heimbach-Steins y Anne Jenson, eds., *Diakonat: Ein Amt für Frauen in der Kirche—Ein frauengerechtes Amt?* (Ostfildern: Schwabenverlag, 1997).

5. Ute Eisen, *Women Officeholders in Early Christianity: Epigraphical and Literary Studies* (Collegeville, MN: Liturgical Press, 2000).

6. Kyriaki Karidoyanes FitzGerald, *Women Deacons in the Orthodox Church: Called to Holiness and Ministry,* rev. ed. (Brookline, MA: Holy Cross Orthodox Press, 1999).

7. John Wijngaards, *No Women in Holy Orders? The Women Deacons of the Early Church* (Norwich, UK: Canterbury Press, 2002).

8. Kevin Madigan y Carolyn Osiek, *Ordained Women in the Early Church: A Documentary History* (Baltimore: Johns Hopkins Press, 2005).

9. Para una revisión de la literatura sobre este tema, véase Gary Macy, *The Hidden History of Women's Ordination: Female Clergy in the Medieval West* (New York: Oxford University Press, 2008), 1–22. A esta lista debe añadirse el importante estudio de Cipriano Vagaggini, "L'ordinazione delle diaconesse nella tradizione greca e bizantina," *Orientalia christiana periodica* 40 (1974): 149–89.

10. La única persona en la Escritura que posee el título de "diácono" como tal es Febe, diácono (διακονος, no diaconisa) de la iglesia de Cencreas. "Diaconisa" se usa en varios idiomas latinos.

11. Madigan y Osiek, *Ordained Women*, 14.

12. Ibid., 14–18.

13. Ibid., 19.

14. Wijngaards, *No Women*, 160.

15. Madigan y Osiek, *Ordained Women*, 19.

16. Ibid., 19–20.

17. Ibid., 20–21.

18. Ibid., 20.

19. Sobre el comentario del Ambrosiaster y su influencia en la teología cristiana, véase Macy, *Hidden History*, 91–93.

20. Sobre Abelardo y su comentario, véase Macy, *Hidden History*, 93–96.

21. "Hablando de los diáconos, [Pablo] menciona a las mujeres que eran llamadas diáconos porque servían a los sacerdotes como [mujeres] estaban acostumbradas a hacerlo con los apóstoles y con el mismo Jesús. [Pablo] advierte que deben ser elegidas de la misma forma que los diáconos." Macy, *Hidden History*, 96 y 211 fn. 55. (traducción española a partir del inglés).

22. Madigan y Osiek, *Ordained Women*, 27–28.

23. Ibid., 28–29.

24. Ibid., 32.

25. Ibid., 43–47.

26. Eisen, *Women Officeholders,* 158–98, Madigan y Osiek, *Ordained Women*, 67–96.

27. Madigan y Osiek, *Ordained Women*, 134–35.

28. Ibid., 135.

29. Véase, por ejemplo, Madigan y Osiek, *Ordained Women*, 184.

30. Véase Macy, *Hidden History*, 67.

31. Ibid.

32. Ibid., 67–68.

33. Ibid., 68; 194, fn. 114 "Quo ille contestationis concussus tonitruo, manu superposita consecravit diaconam."

34. Ibid., 68–69.

35. Ibid., 69.

36. Ibid.

37. Ibid., 70. La referencia a "madrinas" aquí se refiere a la práctica medieval de considerar a los padrinos como familiares cercanos. Esta norma es para evitar una suerte de "incesto espiritual."

38. Ibid., 69.

39. Ibid.

40. Ibid.

41. Ibid., 70.

42. Ibid., 35. Silva Cándida es una de las diócesis suburbanas de Roma.

43. Ibid. La Ciudad Leonina es la parte de Roma comprendida por el Muro Leonino, construido por el papa León IV en el siglo IX.

44. Ibid.

45. Ibid.

46. Ibid., 93–96.

47. Madigan y Osiek, *Ordained Women*, 113–14.

48. Véase Macy, *Hidden History*, 7–8.

49. Ibid., 7. Estos dos términos se refieren a dos tipos distintos de rituales de iniciación χειροτονία (queirotonía) se refiere a la ordenación en el sentido en que se usa actualmente para el

diaconado y el sacerdocio. χειροθεσία (queirotesía) se refiere a una imposición de las manos que acompaña a las órdenes menores. El punto de Morin es que ambos términos se usan para la ordenación diaconal, tanto de varones como de mujeres.

50. Wijngaards, *No Women?* 22–44.

51. FitzGerald, *Women Deacons*, 202–4.

52. Esta sección sobre los ritos de ordenación se basa en Macy, *Hidden History*, 70–73.

53. Ibid., 70.

54. Ibid., 71.

55. Ibid.

56. Ibid.

57. Antes de las actuales revisiones del Pontifical Romano, las ordenaciones generalmente tenían lugar inmediatamente antes de la ceremonia litúrgica que los recién ordenados celebrarían por primera vez. Por ejemplo, un subdiácono sería ordenado justo antes de la Primera Lectura, la cual él leería por primera vez. Un diácono era ordenado justo antes del Evangelio que él leería por primera vez. En este rito de ordenación, la mujer diácono era ordenada justo antes del Evangelio. Esto sugiere que se esperaba que la mujer diácono hiciera exactamente lo mismo que el diácono varón: proclamar el Evangelio en la Misa. Y, de hecho, hay una buena evidencia histórica, la cual muestra que las mujeres diáconos proclamaban el Evangelio. Véase Macy, *Hidden History*, 70–74, 85, 97, 100–103.

58. Cyrille Vogel, *Medieval Liturgy: An Introduction to the Sources*, rev. ed. (Washington, DC: Pastoral Press, 1986), 251.

59. "The practical application of charity was probably the most potent single cause of Christian success" ("La vivencia práctica de la caridad era probablemente la causa más importante del éxito del cristianismo"). Henry Chadwick, *The Early Church*, rev. ed. (New York: Penguin Books, 1993), 56.

60. No se les llama diáconos a los siete varones mencionados en los Hechos de los Apóstoles y solo en el siglo II comienza a llamárseles así. Véase William Ditewig, *The Emerging Diaconate: Servant Leaders in a Servant Church* (Mahwah, NJ: Paulist Press, 2007), 59.

61. Wijngaards, *No Women*, 173. Para una traducción (en inglés) ligeramente distinta a esta, véase Madigan y Osiek, *Ordained Women*, 113.

62. Wijngaards, *No Women*, 162.

63. Ibid., 160.

64. Ibid., 177.

65. Madigan y Osiek, *Ordained Women*, 111.

66. FitzGerald, *Women Deacons*, 204.

67. Macy, *Hidden History*, 97.

68. Ibid., 97–101.

69. Esta sección está tomada de Macy, *Hidden History*, 74–80.

70. Jo Ann McNamara, "Chaste Marriage and Clerical Celibacy," en *Sexual Practices and the Medieval Church*, eds. Vern Bullough y James Brundage (Buffalo, NY: Prometheus Books, 1982), 24.

71. Macy, *Hidden History*, 68–69, 85.

72. Ibid., 64–65.

73. Ibid., 93–96.

74. Mary Martin McLaughlin, "Peter Abelard and the Dignity of Women: Twelfth Century 'Feminism' in Theory and Practice," en *Pierre Abélard Pierre le Vénérable: Les courants philosophiques, littéraires et artistiques en occident au milieu du XIIe siècle* (Paris: Éditions du Centre National de la Recherche Scientifique, 1975), 287–333; y Jean Leclerq, "Ad ipsam sophiam Christum: le témoignage monastique d'Abélard," *Revue d'ascétique et de mystique* xlvi (1970), 161–81.

75. McLaughlin, "Peter Abelard," 294.

76. Madigan y Osiek, *Ordained Women*, 137.

77. Ibid., 136.

78. Ibid., 138. En la oración fúnebre por su hermana Gorgonia, Gregorio Nacianceno relata cómo ella se acercó al altar para orar durante una enfermedad. Véanse las referencias y el texto (en inglés) dado por el Medieval Sourcebook, https://sourcebooks.fordham.edu/basis/gregnaz-gorgonia.asp.

79. Para una narración reciente de esta historia, véase Michel Lauwers, "Les femmes et l'eucharistie dans l'Occident medieval: indertis, transgressions, dévotion eucharistique (XIIe–XVe siècle)," en *Pratiques de l'eucharistie dans les Églises d'Orient et d'Occident*

Antiquté et Moyen Âge, 2 vols., eds. Nicole Bériou, Beatrice Caseau y Dominique Rigaux (Paris: Institute d'Études Augustiniennes, 2009), 1:445–76.

80. Para una discusión completa sobre el significado de ordenación en la Iglesia primitiva, véase Macy, *Hidden History*, 26–35.

81. Yves Congar, "My Path-Findings in the Theology of Laity and Ministries," *The Jurist* 32 (1972): 180.

82. Sobre el cambio en la definición de ordenación en los siglos XI–XIII, véase Macy, *Hidden History*, 89–110.

83. *Decretum*, C. 15, q. 3, princ., en *Corpus iuris canonici*, 2 vols., ed. Emil Friedberg (Graz: Akademische Druck-und-Verlagsanstalt, 1959), 1:750.

84. Macy, *Hidden History*, 97.

85. Ibid., 97–105.

86. Ibid., 100.

MUJERES DIÁCONOS: POSIBILIDADES EN EL PRESENTE

1. Es interesante recordar que, en el tiempo del Concilio Vaticano II, habría sido una violación a este canon si un obispo conscientemente hubiera ordenado a un diácono "permanente." Esta es la razón por la que el papa Pablo VI tuvo que cambiar la ley cuando implementó la decisión del Concilio con *Sacrum diaconatus ordinem* en 1967. La ley refleja la teología y, como la teología del Orden cambia, también tiene que cambiar la ley.

2. A lo largo de este ensayo, usaré *sacerdocio* para referirme a ambas órdenes sacerdotales: los obispos y los sacerdotes. Cuando me refiera simplemente al segundo orden del ministerio ordenado, usaré *presbítero*.

3. *Lumen gentium* (a partir de ahora citada como *LG*), número 29. Yo prefiero traducir *in diaconia liturgiae, verbi et caritatis* como "en un servicio de liturgia, de la Palabra y de caridad," porque los padres del Concilio aplicaron el término *diaconia* a todo el triple *munus* del obispo. Los presbíteros y diáconos participan en menor

grado en esta *diaconia* apostólica. Algunas personas tienden a aplicar *diaconia* al tercer elemento del *munus*, dando la impresión de que el "servicio" es simplemente parte de este; siguiendo el uso del Concilio, todo el *munus* es *diaconía*.

4. Ibid.

5. Esto puede verse en declaraciones recientes de la Santa Sede, como la multidicasterial "Instrucción sobre algunas cuestiones acerca de la colaboración de los fieles laicos en el sagrado ministerio de los sacerdotes" (Ciudad del Vaticano: Libreria Editrice Vaticana, 1997). Tenga en cuenta que incluso en el título, no se hace referencia a los laicos de acuerdo con su estado de bautismo, sino de acuerdo con lo que no son.

6. James H. Provost, "Permanent Deacons in the 1983 Code," en *Canon Law Society of America Proceedings* 46 (1984): 175.

7. Comisión Teológica Internacional, El Diaconado: Evolución y Perspecivas, Nota preliminar (30 de septiembre de 2002).

8. Los dicasterios que participaron en la redacción de la Instrucción fueron la Congregación para el Clero, el Pontificio Consejo para los Laicos, la Congregación para la Doctrina de la Fe, la Congregación para el Culto Divino y la Disciplina de los Sacramentos, la Congregación para los Obispos, la Congregación para la Evangelización de los Pueblos, la Congregación para las Institutos de Vida Consagrada y las Sociedades de Vida Apostólica y el Pontificio Consejo para la Interpretación de los Textos Legislativos.

9. Comisión Teológica Internacional, *El diaconado: evolución y perspectivas*(http://www.vatican.va/roman_curia/congregations/cfaith/cti_documents/rc_con_cfaith_pro_05072004_diaconate_sp.html).

10. *Catéchisme de l'Église Catholique* (Ottawa: Conférence des Évêques catholiques du Canada, 1993), número 875: "De Lui, ils reçoivent la mission et la faculté (le «pouvoir sacré») d'agir *in persona Christi Capitis*." Versión en español tomada de http://www.vatican.va/archive/catechism_sp/index_sp.html.

11. *Catechismus Catholicae Ecclesiae* (Ciudad del Vaticano: Libreria Editrice Vaticana, 1997), número 875: "Ab Eo Episcopi et presbyteri missionem et facultatem ('sacram potestas') agendi *in*

persona Christi Capitis accipiunt, diaconi vero vim populo Dei serviendi in *diakonia* liturgiae, verbi et caritatis, in communione cum Episcopo eiusque presbyterio."

12. Juan Pablo II, carta apostólica, *Ordinatio Sacerdotalis*, 22 de mayo de 1994, número 4.

13. Congregación para la Doctrina de la Fe, "Respuesta acerca de la doctrina de la Carta Apostólica 'Ordinatio Sacerdotalis'," 26 de octubre de 1995.

14. Congregación para el Clero et al., "Instrucción sobre algunas cuestiones acerca de la colaboración de los fieles laicos en el sagrado ministerio de los sacerdotes" disponible en: http://www.vatican.va/roman_curia/congregations/cclergy/documents/rc_con_interdic_doc_15081997_sp.html, núms. 29–35; en el último párrafo, la Instrucción cita al *Catecismo de la Iglesia Católica*, número 876.

15. Véase William T. Ditewig, *The Emerging Diaconate: Servant Leaders in a Servant Church* (Mahwah, NJ: Paulist Press, 2007), sobre todo el capítulo 5.

16. Considérese, por ejemplo, Otto Pies, "Block 26: Erfahrungen aus dem Priesterleben in Dachau," *Stimmen der Zeit* 141 (1947–48): 10–28. También Wilhelm Schamoni, *Familienväter als geweihte Diakone* (Paderborn: Schöningh, 1953); publicado en inglés como *Married Men as Ordained Deacons*, trad. Otto Eisner (London: Burns and Oates, 1955).

17. Después de escribir varios ensayos sobre la posibilidad de un diaconado renovado, Rahner dedicó una cantidad considerable de tiempo y esfuerzo a un texto bastante sólido que pudo ser utilizado por los obispos reunidos en el Concilio: Karl Rahner y Herbert Vorgrimler, eds., *Diakonia in Christo: Über die Erneuerung des Diakonates* (Freiburg: Herder, 1962).

18. Mons. León Bonaventura de Uriarte Bengoa, OFM (1891–1970) de San Ramón, Perú, preguntó si "se debía instituir a las diaconisas"; Mons. Giuseppe Ruotolo (1898–1970) de Ugento, Italia, sugirió que "se restableciera el orden de los diáconos y que se extendiera a las mujeres con la obligación del celibato." *Acta et documenta Concilio oecumenico Vaticano II apparando; Series prima*

(antepraeparatoria) (Ciudad del Vaticano: Typis Polyglottis Vaticanis, 1960–61) (*ADA*), II/II, 121.

19. *ADA*, II/II, 128–31.

20. Ibid.

21. Es interesante que no se mencione para nada el ministerio de los diáconos en obras de caridad.

22. *ADA*, II/II, 128–31.

23. Durante los mismos debates conciliares, la "edad madura" para diáconos casados siguió siendo de treinta y cinco años. La edad para ordenandos no casados era de veinticinco y no se hizo mención de las órdenes religiosas; los debates se centraron casi totalmente en el clero secular.

24. *Acta Synodalia Sacrasancti Concilii Vaticani II* (Typis Polyglottis Vaticanis, 1970) (AS), III/VIII, 53.

25. AS, II/II, 82–360.

26. AS, II/II, 227–30.

27. Algunos obispos sintieron que la cuestión del diaconado era simplemente un problema disciplinar, no apropiado para una constitución dogmática. Sin embargo, esta postura era minoritaria y las discusiones y el voto claramente revelan que se quería incluir el diaconado en el documento.

28. AS, II/II, 229.

29. Ibid., II/II, 317–19.

30. Ibid., II/III, 199.

31. Pío XII, "Quelques aspects fondamentaux de l'apostolat des laïcs: Hiérarchie et Apostolat," *Acta Apostolicae Sedis* (*AAS*) 49 (1957): 925.

32. Leo Cardinal Suenens, "The Coresponsibility of Deacons," en *Diaconal Reader: Selected Articles from the Diaconal Quarterly*, ed. John J. Ziegler (Washington, DC: NCCB, 1985), 47.

33. Ibid.

34. AS, II/II, 319.

35. Cf. "Decreto sobre las Iglesias Orientales Católicas" (*Orientalium ecclesiarum*), número 17.

36. *Ad gentes*, número 16.

37. Pablo VI, *Hodie concilium*, *AAS* 58 (1966): 57–64.

38. Juan Pablo II, "Meeting with the Men Ordained to the Permanent Diaconate" (19 de septiembre de 1987; traducción española a partir del inglés); http://w2.vatican.va/content/john-paul-ii/en/speeches/1987/september/documents/hf_jp-ii_spe_19870919_diaconi-permanenti-detroit.html.

39. Benedicto XVI, *Deus caritas est* (25 de diciembre de 2005), número 21. Disponible en: http://w2.vatican.va/content/benedict-xvi/es/encyclicals/documents/hf_ben-xvi_enc_20051225_deus-caritas-est.html.

40. Comisión Teológica Internacional, *El diaconado, evolución y perspectivas*, 98. Disponible en: http://www.vatican.va/roman_curia/congregations/cfaith/cti_documents/rc_con_cfaith_pro_05072004_diaconate_sp.html.

41. Papa Juan Pablo II, audiencia general, "El diaconado, en la comunión ministerial y jerárquica de la Iglesia" (6 de octubre de 1993), 6.

42. Comisión Teológica Internacional, 100.

43. Canon Law Society of America, *The Canonical Implications of Ordaining Women to the Permanent Diaconate: Report of an Ad Hoc Committee of the Canon Law Society of America* (Washington, DC: CLSA, 1995).

44. Ibid., 26.

45. Ibid., 50.

46. Ibid. Para la pregunta sobre el diácono y el gobierno, la cual se aplicaría también a las mujeres diáconos véase William T. Ditewig, "The Excercise of Governance by Deacons: A Theological and Canonical Study" (tesis doctoral, Catholic University of America, 2002).

47. AS, II/II, 229.

Mujeres diáconos: futuro

1. "La cuestión de ordenar mujeres al diaconado 'no está resuelta' añadió [Kasper], pero las mujeres ya están haciendo lo que podrían hacer si fueran diáconos ordenados." Tracy Early,

"Ecumenism Undergoing 'Radical Change' in 21st Century, Cardinal Says," *Catholic News Service*, 17 de marzo de 2005.

2. Mons. Walter Kasper, "El diácono ofrece una visión eclesiológica de los retos actuales en la Iglesia y en la sociedad" (escrito presentado en el congreso de estudio del Centro Internacional del Diaconado en Bresanona, Italia, octubre de 1997).

3. Tracy Early, "Ecumenism," *Catholic News Service*.

4. *Notificazione delle Congregazioni per la Dottrina della Fede, per il Culto Divino e la Disciplina dei Sacramenti, per il Clero 1. Da taluni Paesi sono pervenute ai nostri Dicasteri alcune segnalazioni di programmazione e di svolgimento di corsi, direttamente o indirettamente finalizzati all'ordinazione diaconale delle donne. Si vengono così a determinare aspettative carenti di salda fondatezza dottrinale e che possono generare, pertanto, disorientamento pastorale. 2. Poiché l'ordinamento ecclesiale non prevede la possibilità di una tale ordinazione, non è lecito porre in atto iniziative che, in qualche modo, mirino a preparare candidate all'Ordine diaconale. 3. L'autentica promozione della donna nella Chiesa, in conformità al costante Magistero ecclesiastico, con speciale riferimento a quello di Sua Santità Giovanni Paolo II, apre altre ampie prospettive di servizio e di collaborazione. 4. Le Congregazioni sottoscritte - nell'ambito delle proprie competenze - si rivolgono, pertanto, ai singoli Ordinari affinché vogliano spiegare ai propri fedeli ed applicare diligentemente la suindicata direttiva. Questa Notificazione è stata approvata dal Santo Padre, il 14 settembre 2001. Dal Vaticano, 17 settembre 2001.*

Este es el texto original. La siguiente traducción la realizó Marco Batta: 1. De algunos países han llegado a nuestro Dicasterio algunas noticias de la programación y desarrollo de cursos, directa o indirectamente orientados a la ordenación diaconal de mujeres. De esa forma se crean expectativas carentes de un sólido fundamento doctrinal y que pueden generar, por tanto, confusión pastoral. 2. Dado que la ley eclesiástica no prevé la posibilidad de ese tipo de ordenación, no es lícito poner en marcha iniciativas que, de alguna forma, estén orientadas a preparar candidatas para el Orden diaconal. 3. La auténtica promoción de la mujer en la Iglesia, en conformidad con el constante Magisterio eclesiástico, en particular el de Su Santidad Juan Pablo II, abre amplias perspectivas de servicio y de colaboración. 4. Las Congregaciones firmantes—en el ámbito de sus propias competencias—se dirigen, por tanto, a todos los Ordinarios para que expliquen a sus propios fieles y apliquen con diligencia la directiva antes mencionada. Esta Notificación ha sido aprobada por el Santo Padre, el 14 de septiembre de 2001. Desde el Vaticano, 17 de septiembre de 2001.

Los firmantes fueron los cardenales Joseph Ratzinger (Doctrina de la Fe), Jorge Arturo Medina Estévez (Culto Divino y los Sacramentos) y Darío Castrillón Hoyos (Clero). El cardenal alemán Ratzinger es actualmente el papa Benedicto XVI. El cardenal chileno Medina Estévez y el cardenal colombiano Castrillón Hoyos actualmente están retirados.

5. Véase http://www.vatican.va/roman_curia/congregations/cfaith/cti_documents/rc_con_cfaith_pro_05072004_diaconate_sp.html. Véase también Phyllis Zagano, "Catholic Women Deacons: Present Tense," *Worship* 77: número 5 (septiembre de 2003): 386–408, para una discusión de este documento.

6. La carta del papa Benedicto VIII en 1018 al obispo de Porto confirma y concede esos privilegios del ordinario diocesano para ordenar sacerdotes, diáconos o diaconisas (*diaconissis*) y subdiáconos: "Paris modo concedimus et confirmamus vobis vestrisque successoribus in perpetuum omnem ordinationem episcopalem, tam de presbyteris quam diaconibus vel diaconissis, seu subdiaconibus." Gary Macy, *The Hidden History of Women's Ordination* (New York: Oxford University Press, 2008), 35, 172–73. Véase también Kevin Madigan y Carolyn Osiek, *Ordained Women in the Catholic Church: A Documentary History* (Baltimore: Johns Hopkins University Press, 2005), 147. Una nota al pie en el libro de Madigan y Osiek sostiene que la carta está tomada de *Patrologia Latina*, ed. J.-P. Migne et al. (Paris: Garnieri Fratres, 1844–91), 139.1921; y que aparece también en *Monumenta de viduis diaconissis virginibusque tractantia*, ed. Josephine Mayer, Florilegium Patristicum 42 (Bonn: Peter Hanstein, 1938), 52. El pie de nota también sostiene que el papa León IX más tarde volvió a confirmar esta concesión (PL 143-602).

7. Roger Gryson, *The Ministry of Women in the Early Church* (Collegeville, MN: Liturgical Press, 1976) (traducción de *Le ministère des femmes dans L'Église ancienne. Recherches et synthèses*, Section d'historire 4. Gembloux: J. Duculot, 1972), 63–64.

8. El "Decreto general relativo al delito de atentada ordenación sagrada de una mujer" (19 de diciembre de 2007) de la Congregación para la Doctrina de la Fe establece en parte: "cualquiera que atente conferir el orden sagrado a una mujer, así como la mujer que atente recibir el orden sagrado, incurre en la excomunión *latae sententiae* reservada a la Sede Apostólica" (http://www.vatican.va/roman_curia/congregations/cfaith/documents/rc_con_cfaith_doc_20071219_attentata-ord-donna_sp.html) publicada en *L'Osservatore Romano*, 30 de mayo de 2008. La intención del decreto más tarde fue confirmada por la Congregación junto con una larga lista de delitos graves o "crímenes" publicada en julio de 2010 con la aprobación del papa Benedicto XVI, pero sin su firma. Ahí se dice así: "A la Congregación para la Doctrina de la Fe se reserva también el delito más grave de la atentada ordenación sagrada de una mujer: 1º Quedando a salvo cuanto prescrito por el can. 1378 del Código de Derecho Canónico, cualquiera que atente conferir el orden sagrado a una mujer, así como la mujer que atente recibir el orden sagrado, incurre en la excomunión *latae sententiae* reservada a la Sede Apostólica," http://www.vatican.va/resources/resources_norme_sp.html.

9. La carta de Epifanio de Salamina a Juan de Jerusalén viene a la mente. Epifanio se disculpa por haber ordenado a uno de los hombres de Juan al sacerdocio, aclarando sin embargo, que la ordenación tuvo lugar en un monasterio y que, por tanto, estaba fuera de la jurisdicción de Juan. En la carta, Epifanio dice que él nunca había ordenado a una mujer como diácono para servir en la diócesis de otro obispo, lo que implica claramente que Juan sí lo había hecho. Epifanio escribió: "Numquam autem ego ordinavi diaconissas etam alienas misi provincias neque feci quidquam, ut ecclesiam scinderem." Josephine Mayer, *Monumenta de viduis diaconissis virginibusque tractantia*. Florilegium patristicum tam veteris quam medii aevi auctores complectens, 42 (Bonn: Peter Hanstein, 1938), 12.

10. *Acta et documenta Concilio oecuminco Vaticano II apparando; Series prima (antepraeparatoria)* (Typis Polyglottis Vaticanis, 1960–61) (ADA), II/II, 121.

11. *Il Regno* (19 de julio de 1985), citado en Janine Hourcade, *Les diaconesses dans l'Eglise d'hier et de demain* (Saint-Maurice: Saint-Augustin, 2001), 21.

12. Martini pidió *"l'ordinazione delle donne al diaconato, almeno"* en el sínodo de los obispos de Europa. Sandro Magister, *"Vade retro, Concilio," L'Espresso* (17 de febrero de 2000). Otros que se piensa respaldaban en ese momento la petición eran Timothy Radcliffe, OP, en ese momento Superior General de la Orden de los Predicadores; el cardenal Karl Lehmann, obispo de Maguncia; John R. Quinn, arzobispo retirado de San Francisco; y el cardenal Pierre Eyt, arzobispo de Burdeos, quien murió en 2001. El cardenal Basil Hume murió pocos meses antes del sínodo.

13. John L. Allen, Jr., "The Word from Rome," *National Catholic Reporter* 3:13 (21 noviembre de 2003).

14. Véase "Catholic Women's Ordination: The Ecumenical Implications of Women Deacons in the Armenian Apostolic Church, the Orthodox Church of Greece, and Union of Utrecht Old Catholic Churches," *Journal of Ecumenical Studies* 43, número 1 (primavera de 2008): 124–37. Los errores de edición de la publicación impresa fueron rectificados con el artículo corregido disponible en: http://nwcu.org/2010/10/2010-seminar-7-document/. Véase también Roberta R. Ervine, "The Armenian Church's Women Deacons," *St. Nersess' Theological Review* 12 (2007): 17–56.

15. "Bartolomeo dijo que no había razones canónicas para que las mujeres no pudieran ser ordenadas diáconos en la Iglesia Ortodoxa." National Conference of Catholic Bishops, "News about the Eastern Churches and Ecumenism," número 5 (febrero de 1996), 1, informando desde el *Service Orthodoxe de Presse, "Geneve: visite du patriarche oecuméique en Suisse,"* número 204 (enero de 1996), 3.

16. Pablo VI, Constitución Dogmática sobre la Iglesia, *Lumen gentium*, 29; *Constitutiones Ecclesiae aegyptiacae* III, 2: ed. Funk, *Didascalia*, II, p. 103. *Statuta Eccl. Ant.* 37–41: Mansi, 3, 954.

17. Véase Phyllis Zagano, "The Question of Governance and

Ministry for Women," *Theological Studies* 68, número 2 (junio de 2007): 348–67.

18. El cardenal Kasper fue enviado a la Iglesia de Inglaterra cuando la Conferencia de Lambeth debatió la noción de las mujeres como obispos en aquella madre iglesia de la Comunión Anglicana, una noción que al final aprobaron. Véase el discurso de Kasper, "Mission of Bishops in the Mystery of the Church: Reflections on the question of ordaining women to episcopal office in the Church of England."

19. John L. Allen, Jr., "Synod: Final Propositions of the Synod of Bishops on the Bible" *National Catholic Reporter*, 27 de octubre, 2008; https://www.ncronline.org/news/synod-final-propositions-synod-bishops-bible.

20. Canon 861.2.

21. El canon 767 reserva la homilía al *sacerdoti aut diacono*, es decir, a los obispos, sacerdotes y diáconos. Una interpretación del canon 767:1 del Pontificio Consejo para la Interpretación de los Textos Legislativos (26 de mayo de 1987) ignora el poder para otorgar dispensas del ordinario diocesano contenido en el canon 87 y establece que no puede permitir a otros predicar. Hay una profunda resistencia eclesiástica a permitir a los laicos predicar. Generalmente, quien preside debe predicar: "La homilía la hará de ordinario el mismo sacerdote celebrante." Sagrada Congregación para el Culto Divino, *Instrucción General del Misal Romano* (http://www.vatican.va/roman_curia/congregations/ccdds/documents/rc_con_ccdds_doc_20030317_ordinamento-messale_sp.html#II._DIVERSOS_ELEMENTOS_DE_LA_MISA), 66. Los laicos pueden predicar en las misas para niños según el *Directorio litúrgico para las misas con participación de niños* de la Sagrada Congregación para el Culto Divino (1 de noviembre de 1973), 24. En 1997, ocho dicasterios confirmaron la prohibición de que prediquen los laicos: "la homilía (...) se debe reservar al ministro sagrado, sacerdote o diácono. Se excluyen los fieles no ordenados, aunque desarrollen la función llamada 'asistentes pastorales' o catequistas, en cualquier tipo de comunidad o agrupación. No se trata, en efecto, de una eventual mayor capacidad expositiva

o preparación teológica, sino de una función reservada a aquel que es consagrado con el Sacramento del Orden." Congregación para el Clero, "Instrucción sobre algunas cuestiones acerca de la colaboración de los fieles laicos en el sagrado ministerio de los sacerdotes" (15 de agosto de 1997), 3.

22. El Código de 1917 solo permitía a los clérigos ser jueces, y la autoridad del juez era vista como una autoridad delegada. Diversos cambios en la ley procesal permitieron a laicos cualificados (1971) y, más tarde, a laicas (Código de 1983) actuar como jueces que son parte de un tribunal (canon 1421), pero la autoridad del juez diocesano ahora parece ser de competencia ordinaria. Véase Lawrence G. Wrenn, "Book VII Processes," en *New Commentary on the Code of Canon Law*, eds. J. P. Beal, J. A. Corriden y T. J. Green (Mahwah, NJ: Paulist Press, 2000), 1624. Como los no clérigos pueden "cooperar con," pero no "participar en" el gobierno, el juez laico no puede realizar el acto de juzgar en cuanto tal. Obsérvese el inicio del canon 129: "1. De la potestad de régimen, que existe en la Iglesia por institución divina, y que se llama también potestad de jurisdicción, son sujetos hábiles, conforme a la norma de las prescripciones del derecho, los sellados por el orden sagrado. 2. En el ejercicio de dicha potestad, los fieles laicos pueden cooperar a tenor del derecho." Benedicto XVI escribió el canon 129 revisado. Véase Elizabeth McDonough, "Jurisdiction Exercised by Non-Ordained Members in Religious Institutes," *Canon Law Society of America Proceedings* 58 (1996): 292–307. McDonough se refiere a la oposición del cardenal Ratzinger quien sugirió el texto del 22 de diciembre de 1980, en una Asamble Plenaria, 294, nota al pie 4.

23. Véase, por ejemplo, Manfred Hauke, *Die Problematik um das Frauenpriestertum vor dem Hintergrund der Schöpfungs- und Erlösungsordnung* (Paderborn: Verlag Bonifatius-Druckerei, 1988), traducido por David Kipp como *Women in the Priesthood? A Systematic Analysis in the Light of the Order of Creation and Redemption* (San Francisco: Ignatius Press, 1988); Gerhard Müller, *Priestertum und Diakonat: Der Empfänger des Weihesakramentes in schöp- fungstheologischer und christologischer Perspektive* (Freiburg: Johannes Verlag,

2000), traducido por Michael J. Miller como *Priesthood and Diaconate: The Recipient of the Sacrament of Holy Orders from the Perspective of Creation Theology and Christology* (San Francisco: Ignatius Press, 2002); Sara Butler, *The Catholic Priesthood and Women: A Guide to the Teaching of the Church* (Chicago: Hillenbrand Books, 2007).

24. Por ejemplo, el comentario de Balsamon sobre el canon 15 del Concilio de Calcedonia explica que las mujeres no pueden entrar al santuario y su "Respuesta a la pregunta 33 de Marcos" dice que las mujeres están excluidas de lo sagrado por su "aflicción mensual." Madigan y Osiek, *Ordained Women*, 136.

25. Estudios relativamente recientes reaccionan de forma negativa a la relación entre el ritual cartujo posterior a la Reforma y los anteriores, ahora perdidos, los cuales podrían tener una relación más directa con la ordenación diaconal. Véase Daniel Le Blévec, "La Consecration des Moniales Cartusiennes d'apres un Pontifical Romain conserve a Avignon (Bibl. mun. 205)," en J. Hogg, A. Girard et D. Le Blévec, *Analecta Cartusiana 208, Études et Documents pour L'Histoire des Chartreux* (Salzburg, Austria: Institut Für Anglistik und Amerikanistik Universität Salzburg, 2003), 203–19. Aimé George Martimort, en *Deaconesses: An Historical Study* (San Francisco: Ignatius Press, 1986) (traducción de *Les Diaconesses: Essai Historique*. Rome: Edizioni Liturgiche, 1982), 235–40, menciona que otros llegan a conclusiones distintas: Y. Gourdel, Chartreux, en *Dictionnaire de spiritualitié*... vol. 2 (1953), col. 721; M. de Fontette, *Recherches sur les origins de moniales chartreuses*, en *Etudes d'historie et de droit canoniques dediées à Gabriel Le Bras*, vol. 2 (Paris: Sirey, 1963), 1150–51; L. Ray y P. Mouton, *Chartreuses (Règle des moniales)*, en *Dictionnaire de droit canoniques*, vol. 3 (1942), cols. 63032. También, apoyando esta relación, se encuentra Nathalie Nabert, *Les moniales chartreuses* (Geneva: Ad Solem 2009), 53–61.

26. Además de escribir la primera sección de este libro, Gary Macy ha hecho un minucioso repaso de la historia de la ordenación de mujeres diáconos en "What Does the Ordination of Women Then Mean for Women Now?" *Journal of Religion & Society* (Supplement Series 5, 2009): 137–47.

27. Jean Daniélou, *The Ministry of Women in the Church*, trad.

Glyn Simon (London: Faith Press, Ltd., 1974), 29; también, "Le Ministerè des femmes dans l'Église ancienne," *La Maison Dieu* 61 (1960), 94. Daniélou interpreta las palabras de Epifanio como una afirmación de que las mujeres diáconos ungían a otras mujeres.

28. Congregación para la Doctrina de la Fe, "Nota acerca del ministro del sacramento de la Unción de los enfermos" (11 de febrero de 2005). Véase http://www.vatican.va/roman_curia/congregations/cfaith/documents/rc_con_cfaith_doc_20050211_unzione-infermi_sp.html.

29. Los clérigos que pertenecen a institutos u órdenes están incardinados a esos institutos religiosos y órdenes, los cuales tienen pocos diáconos y a la prelatura personal del Opus Dei, que no tiene ninguno.

30. Un ejemplo es la Abadía de Santa María la Real de las Huelgas, cuya abadesa gozaba de esta autoridad a perpetuidad hasta que le fue quitada por Pío IX.

31. En relación con la autoridad "cuasi episcopal" de una abadesa: una abadesa cisterciense, por ejemplo, tiene un anillo, una cruz pectoral y un báculo como símbolos de su cargo.

32. La ordenación de un laico monje elegido como abad no es algo inaudito. Cuando los monjes benedictinos de la Abadía de Glenstal, en el condado de Limerick (Irlanda), eligieron al Hno. Mark Patrick Hederman como quinto abad en 2008, fue ordenado diácono y sacerdote antes de su consagración como abad.

33. Canon 1192, párr. 2.

34. La Congregación para los Institutos de Vida Consagrada y las Sociedades de Vida Apostólica realizó una visita apostólica de 2009 a 2011 a las religiosas de vida activa en los Estados Unidos, tanto diocesanas como pontificias. Las casas de religiosas contemplativas quedaron exentas. Casi al mismo tiempo, la Congregación para la Doctrina de la Fe realizó una investigación a la Leadership Conference of Women Religious, la principal organización para superioras de institutos de religiosas de vida activa en los Estados Unidos.

35. No está claro que todos los institutos de religiosas optarían por convertirse en institutos mixtos de laicas y clérigos. A modo de contraste, en 2002, el capítulo general de la Congregación

de los Hermanos Cristianos consideró y rechazó una propuesta de que se ordenara a sus miembros. Fueron fundados en Irlanda, en 1802 para ofrecer educación católica a los pobres.

36. Para una discusión más completa de la cuestión de los institutos mixtos con laicos y clérigos, véase Phyllis Zagano, "Women Religious, Women Deacons?" *Review for Religious* 60, número 3 (mayo–junio) 2001): 230–44.

37. National Conference of Catholic Bishops, Bishops' Committee on the Permanent Diaconate, *Permanent Deacons in the United States: Guidelines on Their Formation and Ministry*, rev. ed. (Washington, DC: National Conference of Catholic Bishops, 1971, 1985). United States Conference of Catholic Bishops, Bishops' Committee on the Permanent Diaconate, *National Directory for the Formation, Ministry and Life of Permanent Deacons in the United States* (Washington, DC: United States Conference of Catholic Bishops, 2005).

38. Uno de los primeros estudios es Rebecca Meehan, "The Deacon's Wife: An Emerging Role," in *The Deacon Reader*, ed. James Keating (Mahwah, NJ: Paulist Press, 2006), 232–47. Esto no significa que el simple hecho de realizar un programa de capacitación confirma una vocación al diaconado, ya sea para el esposo o para la esposa.

39. El requisito de edad de treinta y cinco años, tanto para diáconos casados como para los no casados, es una ley particular en los Estados Unidos. La ley general exige que un ordenando tenga veinticinco años, y treinta y cinco si está casado.

40. La situación de una mujer joven ordenada diácono sería similar a la de una virgen consagrada. Si bien una mujer secular que hace una consagración de virginidad está bajo el cuidado de su obispo, este no tiene obligación de procurar su sostenimiento y se espera que ella lo haga. Hay menos de 150 vírgenes consagradas en los Estados Unidos, pero estos modestos números están creciendo. El rito para la consagración a la virginidad se reestableció en 1970.

41. Una ley de Teodosio, de 390, fijó el mínimo de edad para las mujeres diáconos en sesenta años. El Concilio de Calcedonia de 451 fijó la edad en cuarenta. Aimé Georges Martimort, *Deaconesses: An Historical Study* (San Francisco: Ignatius Press, 1986), 107–9.